Blitz und Donner

Die Elektro-Revolution und der verborgene
Krieg der Ölbarone

von

Stefan A. K. Weichelt

Autor: Stefan A. K. Weichelt

Anschrift: Schießstattstr. 22, 85253 Erdweg

Autorenseite: www.stefanweichelt.de

Lektorat und Korrektorat: Mathias Petry

Buchsatz: Stefan Weichelt

Covergestaltung: Stefan Weichelt

Bilder: pond5.com, Shutterstock.com, iStockphoto.com, Alamy.com, Wikipedia.com, Matti Blume, David Hofmann, Stefan Weichelt

Der Inhalt dieses Buchs wurde teilweise mithilfe von KI-Assistenz korrigiert. Sämtliche Inhalte sind das Werk des Autors. Einige Bilder wurden teilweise unter Verwendung von KI generiert.

1.2 Edition, 2023

Inhaltsverzeichnis

1. Einführung

Die Elektro-Revolution ist hier, und sie ist mehr als nur ein Funken in der Dunkelheit. Sie ist ein Blitz, der den Himmel erhellt und die Landschaft der Energie und Mobilität für immer verändert. In einer Welt, in der Fake News und die Lobbyarbeit der Ölindustrie sich mit der Wahrheit vermischen, ist die Elektro-Revolution ein Donner, der die alten Mächte erschüttert und eine neue Ära einläutet.

Vor 150 Jahren, als die ersten Elektroautos gebaut wurden, begann diese Revolution leise. Heute ist sie ein Sturm, der die Gesellschaft zu spalten scheint, ein Wirbelwind von Innovation, Kontroverse und Leidenschaft.

Gustave Trouvé's tricycle (1881). Das erste Elektroauto der Welt.

Dieses Buch ist eine Reise durch die Entwicklung der Elektromobilität und der Energiewende. Es ist ein aufregender Tauchgang in die Untiefen einer Gesellschaft im Umbruch und ein Blick hinter die Kulissen eines verborgenen Krieges der Ölbarone. Es ist ein Buch, das die Wahrheit sucht, wo andere nur Mythen sehen, und das die Meilensteine und Herausforderungen einer sich ständig verändernden Landschaft beleuchtet.

Illustration von »La Jamais Contente«,
dem ersten Auto, das 1899 eine Geschwindigkeit von 100 km/h erreichte.

Von den bescheidenen Anfängen der Elektroautos bis hin zur globalen Bewegung für saubere Energie, von den dunklen Abgründen der Lobbyarbeit bis zu den glitzernden Höhen der Innovation – wir werden gemeinsam durch die verworrenen Pfade der Geschichte wandern und die echten Geschichten hinter den Schlagzeilen entdecken.

Schnallt euch fest, liebe Lesende, denn die Fahrt durch die Welt der Elektromobilität und Energiewende wird eine aufregende Reise sein, eine Reise, die ihr so schnell nicht vergessen werdet.

Die Freude der Revolution: Eine junge Frau führt den Triumphzug der Elektromobilität an, symbolisch für eine sauberere, bessere Zukunft für alle. Dieses Bild ist nur ein Symbolbild.

2. Die Anfänge der Elektromobilität

Die Geschichte der Elektromobilität ist eine faszinierende Reise durch Zeit und Technologie, die weit zurückreicht, lange bevor das moderne Elektroauto in unsere Straßen rollte. Es ist eine Geschichte, die von Entdeckung, Innovation und einer ständigen Suche nach saubereren und effizienteren Transportmitteln geprägt ist.

Im Jahr 1820 machte der dänische Physiker Hans Christian Oersted eine bahnbrechende Entdeckung, die die Welt für immer verändern sollte: den Elektromagnetismus. Nur ein Jahr später erforschte Michael Faraday, wie man mit diesem neu entdeckten Phänomen eine kontinuierliche Rotation erzeugen kann. Damit legte er den Grundstein für den Elektroantrieb und öffnete die Tür zu einer Revolution im Transportwesen.

1832 markierte das Erscheinen des ersten Elektroautos, das allerdings noch kein Serienwagen war, bereits den Beginn bahnbrechender Veränderungen. Das Auto war eher ein experimentelles Vehikel, das weder schnell noch weit fahren konnte. Vermutlich zwischen 1832 und 1839 entwickelte der schottische Erfinder Robert Anderson in Aberdeen das erste Elektrofahrzeug, ein Pionierwerk, das die Bühne für eine Revolution bereitete.

In Großstädten wie London, von 1825 bis 1925 die bevölkerungsreichste Stadt der Welt, wurde die Idee des Elektroautos als willkommene Entwicklung begrüßt. Mit rund 50.000 Pferden, die täglich 500 Tonnen Pferdeäpfel produzierten (in New York sogar 1000 Tonnen), war die Notwendigkeit einer sauberen Transportlösung offensichtlich.

Doch während die Technologie voranschritt, blieb ein drängendes Problem in den Straßen der Großstädte bestehen: der Gestank. Die Straßen von London und New York waren nicht nur mit Pferdeäpfeln übersät, sondern auch mit einem beißenden Ammoniakgeruch erfüllt, der aus dem Pferdeurin stammte. In London versank die Stadt buchstäblich in einem Meer von Abfall, mit jährlich rund 182.500 Tonnen Pferdemist (in New York sogar 365.000 Tonnen pro Jahr).

Diese beeindruckenden Mengen waren mehr als nur eine Unannehmlichkeit. Sie waren eine ernsthafte Gesundheitsgefahr. Die Absonderungen brachten Krankheiten in die Stadt, und die Menschen litten unter den unhygienischen Bedingungen. Die Straßen waren nicht nur schmutzig, sondern auch gefährlich, und die Notwendigkeit einer sauberen Transportlösung wurde immer dringender.

1881 gab es einen Vorreiter für ein sauberes Transportmittel. Gustave Trouvé entwarf sein »Trouvé Tricycle«. Ein dreirädriges elektrisches Fahrzeug, welches mit zwei Motoren angetrieben wurde. Der von dem Franzosen verwendete Bleiakku lieferte immerhin schon 18 Stundenkilometer und hatte eine Reichweite von 14 bis 26 Kilometern.

Nur Monate später stellten zwei englische Professoren, William Edward Ayrton und John Perry, ihre Neuentwicklung vor. Sie bauten ein elektrisches Dreirad, das mit einer 1,5-kWh-Batterie, einer Spannung von 20 Volt und einem 0,37-kW-Motor ausgestattet war.

Mit einer Reichweite von bis zu 40 Kilometern und einer Höchstgeschwindigkeit von 14 km/h war es ein echter Durchbruch. Und das Beste daran? Es hatte sogar elektrisches Licht! Dieses charmante Dreirad, bekannt als das Ayrton & Perry Electric Tricycle, war eines der ersten

Serienfahrzeuge und ist im Museum Autovision, in Altlußheim in Baden-Württemberg, ausgestellt.

Und all das geschah, bevor der Verbrennungsmotor patentiert wurde! Carl Benz sollte seine Patente zum Verbrennungsmotor erst Jahre später anmelden. Die Elektromobilität war ihrer Zeit voraus, ein leuchtendes Beispiel für Innovation und Fortschritt, das den Weg für die moderne Ära der sauberen und effizienten Transportmittel ebnete.

Während das 19. Jahrhundert sich dem Ende zuneigte, entfachte sich ein Rennen, das die Automobilindustrie für immer prägen sollte. Es war ein Duell der Technologien, ein Kampf um die Zukunft des Transports. Auf der einen Seite standen die Elektroautos, die mit ihrer Sauberkeit und Einfachheit beeindruckten. Auf der anderen Seite die Autos mit Verbrennungsmotoren, die mit ihrer Reichweite und der Verfügbarkeit von Kraftstoff punkteten.

Ayrton & Perry Electric Tricycle im Jahr 1882

Im Jahr 1889 präsentierte der französische Ingenieur Gustave Trouvé sein Elektro-Tricycle auf der Internationalen Elektrizitätsausstellung in Paris. Gleichzeitig entwickelte Carl Benz seinen Benz Patent-Motorwagen, der 1886 als erstes benzinbetriebenes Automobil der Welt patentiert wurde.

Die Elektroautos hatten ihre Vorteile. Sie waren leiser, weniger schmutzig und einfacher zu bedienen. In den 1890er Jahren gab es in den USA sogar mehr Elektroautos auf den Straßen als benzinbetriebene Fahrzeuge. Die New Yorker Elektrotaxiflotte von 1897 war ein Beweis für die Beliebtheit der Elektromobilität.

Doch die Verbrennungsmotoren holten auf. Mit der Entdeckung neuer Ölfelder und der Entwicklung von Tankstellen wurde Benzin immer

1902   Foto: Heritage Image Partnership Ltd

zugänglicher. Die Reichweite und die Leistung der Verbrennungsmotoren verbesserten sich, und die Kosten sanken.

Das Rennen war angespannt, und der Einsatz war hoch. Es war ein Wettbewerb um Innovation, um Fortschritt, um die Zukunft selbst. Wer würde gewinnen? Würde die saubere, leise Eleganz des Elektroantriebs siegen, oder würde die rohe Kraft und Reichweite des Verbrennungsmotors dominieren?

Am Ende des Jahrhunderts war das Rennen noch offen, und die beiden Technologien lieferten sich ein Kopf-an-Kopf-Rennen, das die Automobilindustrie in eine neue Ära katapultieren würde. Es war ein aufregender Moment in der Geschichte, ein Moment, der die Weichen für das nächste Jahrhundert stellen würde.

In den frühen 1900er Jahren tauchten die ersten in Massen produzierten Elektrofahrzeuge in Amerika auf. Die Studebaker Automobile Company wagte im Jahr 1902 den Schritt in die Welt der Elektroautos, während sie gleichzeitig ab 1904 auch Benzinfahrzeuge anbot.

Das Rennen zwischen Elektroautos und Verbrennungsmotoren war nicht nur ein Wettbewerb der Technologien, sondern auch ein Spiegelbild

Thomas Edison und George Meister
in einem Studebaker electric runabout, 1909

der Diskussionen und Debatten, die die Menschen damals beschäftigten. Die gleichen Fragen, die heute die Elektromobilität umgeben, waren auch damals präsent: Reichweite, Preis, Ladezeit. Es war, als hätte die Zeit stillgestanden, und die gleichen Argumente wurden hin und her geworfen.

Zugegeben, damals waren diese Bedenken tatsächliche Kriterien. Die Reichweite von Elektroautos war begrenzt, und die Ladezeiten waren lang. Die Lademöglichkeiten waren spärlich, und das Aufladen konnte zu einer echten Herausforderung werden. Und dann war da noch der Preis. Auch damals waren Elektroautos teurer, ein Luxus, den sich nicht jeder leisten konnte.

Doch die Verbrennungsmotoren hatten ihre eigenen Herausforderungen. Das Starten eines Verbrennungsmotors war eine mühsame Aufgabe, die oft eine Kurbel erforderte. Es war ein komplizierter und manchmal sogar gefährlicher Prozess.

Dann kam 1911, und alles änderte sich. Der Amerikaner Charles F. Kettering erfand einen Anlasser, mit dem sich Verbrennungsmotoren ohne Kurbel starten ließen. Plötzlich war das Starten eines Autos so einfach wie das Drehen eines Schlüssels. Der komplizierte Umgang mit einem Verbrennungsmotor gehörte der Vergangenheit an.

Elektroauto aus den Anfängen des 19. Jahrhunderts

Entscheidend war vielleicht auch dieser Wendepunkt: Mit dem Aufkommen günstiger Fließbandarbeit durch die Ford Motor Company 1913, änderte sich auch der Preise für Benzinwagen, und die Möglichkeit, Autos in Massen zu produzieren, wurde zur Norm. Es war eine Zeit, in der der Geldbeutel der Käufer die Entscheidung noch mehr wie heute beeinflusste und Elektroautos in den Hintergrund drängte. Ein Beispiel dafür, wie wirtschaftliche Faktoren und technologische Entwicklungen die Mobilität verändern können.

Und das günstige Benzin? Es war wohl auch der Treibstoff, der die Technologie in den Siegeszug führte. Mit Tankstellen, die wie Pilze aus dem Boden schossen, und dem Versprechen der Freiheit auf offener Straße, wurde das Auto mit Verbrennungsmotor zum Symbol einer neuen Ära.

Das Elektroauto trat in den Hintergrund, aber es war nicht vergessen. Die Diskussionen, die Debatten, die Träume – sie alle blieben bestehen, warteten auf den Moment, in dem die Technologie wieder aufleben würde.

Eine Zusammenstellung von 3500 Blei-Säure-Batterien bei der Ford Motor Company zirka 1910

Es war eine aufregende Zeit, eine Zeit des Wandels und der Entdeckung, eine Zeit, in der die Zukunft des Transports buchstäblich auf der Straße lag. Die Geschichte der Elektromobilität ist eine Geschichte voller Wendungen und Überraschungen, eine Geschichte, die uns zeigt, dass die Vergangenheit oft die besten Hinweise auf die Zukunft gibt.

Wenn man bedenkt, dass anfangs des 19. Jahrhunderts teilweise mehr Elektroautos auf den Straßen fuhren als Autos mit Verbrennungsmotor, ist es kaum auszumalen, was passiert wäre, wenn die sauberere Technologie damals gewonnen hätte. Vielleicht wären wir heute an einem ganz anderen Punkt der Entwicklung. Vielleicht hätte die Welt eine ganz andere Richtung eingeschlagen.

Die damalige Akku-Entwicklung war noch weit von der heutigen entfernt. Die ersten Elektroautos wurden mit Blei-Säure-Akkus betrieben, einer Technologie, die den Fahrzeugen nur wenig Reichweite bescherte. Diese Akkus waren schwer, hatten eine geringe Energiedichte und waren anfällig für Verschleiß.

Der »Flocken Elektrowagen« (1888) war das erste vierrädrige Elektroauto der Welt. Foto: Franz Haag

Heutige Lithium-Ionen-Akkus sind diesen ersten Akkus weit überlegen. Sie sind leichter, leistungsfähiger und langlebiger. Sie haben die Elektromobilität revolutioniert und den Weg für die moderne Ära der sauberen und effizienten Transportmittel geebnet.

Das Prinzip der Elektromotoren ist zwar ähnlich geblieben, doch auch hier hat sich natürlich einiges getan. Hatte man damals die Elektromotoren mit Hilfe eines Widerstands in der Geschwindigkeit grob reguliert, so ist die Technologie heute weit fortgeschrittener. Moderne Elektromotoren können elektronisch genau angesteuert werden. Mit Hilfe von komplexen Steuerungssystemen und Software können sie auf den Bruchteil eines Millimeters genau positioniert werden. Die Geschwindigkeit, das Drehmoment, die Effizienz – alles kann fein abgestimmt und optimiert werden. Es ist eine Welt der Präzision und des technologischen Könnens, die damals unvorstellbar gewesen wäre.

Die Elektromobilität hat einen langen Weg zurückgelegt, von den ersten experimentellen Fahrzeugen bis hin zu den Hochleistungsmaschinen von heute. Es ist eine Reise durch die Zeit, durch die Technologie, durch die Träume und Ambitionen der Menschen. Es ist eine Geschichte, die uns zeigt, wie weit wir gekommen sind, und wie weit wir noch gehen können.

Die Vergangenheit der Elektromobilität ist reich an Lektionen und Einsichten. Sie erinnert uns daran, dass die Zukunft nicht in Stein gemeißelt ist, dass die Entscheidungen von gestern die Möglichkeiten von morgen formen. Wer weiß, wohin die Reise noch führen wird? Die Straße liegt offen, und die Revolution geht weiter.

3. Neustart der Revolution

Die Elektromobilität mag in den Anfängen des 20. Jahrhunderts in den Hintergrund getreten sein, doch sie war nie ganz verschwunden.

Die Geschichte der Elektromobilität ist reich an Experimenten, Innovationen und unerwarteten Wendungen. In der Mitte des 20. Jahrhunderts, als die meisten Menschen an Elektroautos nicht einmal dachten, gab es bereits einige bemerkenswerte Entwicklungen.

In der Bundesrepublik Deutschland baute Auto Union im Jahre 1956 Elektrofahrzeuge auf Basis des DKW-Schnelllasters. Diese charmanten kleinen Lastwagen wurden von Elektrizitätswerken zum Zähleraustausch genutzt. In der DDR wurden sogar Elektrofahrzeuge aus den 1920er Jahren modernisiert und für die Post in Berlin eingesetzt. Doch diese Entwicklungen waren kurzlebig und endeten mit dem Auslaufen politischer Förderprogramme.

In den Vereinigten Staaten überlebten Elektrofahrzeuge als sogenannte Nachbarschaftsfahrzeuge. Diese kleinen, gemütlichen Fahrzeuge, die wegen ihrer geringen Geschwindigkeit erleichtert zugelassen wurden, fanden ihren Weg in die Herzen vieler Amerikaner. Der Henney Kilowatt, eine Elektro-Version des Kleinwagens Renault Dauphine, wurde zwischen 1960 und 1964 gebaut und zeigte, dass Elektroautos nicht nur praktisch, sondern auch stilvoll sein können.

Ach ja, dann gibt es noch das Lunar Roving Vehicle (LRV) der NASA, ein batteriebetriebenes Gefährt, das in den Jahren 1970 und 1971 entwickelt wurde und auf dem Mond zum Einsatz kam. Das LRV hatte vier winzige 0,25 PS (0,19 kW) starke Gleichstrommotoren, die von zwei Silberoxid-Batterien mit einer Gesamtkapazität von 121 Ampere-Stunden gespeist wurden. Es legte auf dem staubigen Mondgelände etwa 57 Meilen (92 Kilometer) zurück und war 10 Fuß (3,0 Meter) lang, 7,5 Fuß (2,3 Meter) breit und 3,6 Fuß (1,1 Meter) hoch. Denk dran, das war auf dem Mond! Das LRV brachte stolze 210 Kilogramm auf die Waage und konnte nochmals satte 490 Kilogramm Nutzlast transportieren. Tatsächlich könnte man sagen, dass auf dem Mond zu 100 % Elektroautos unterwegs waren bzw. immer noch sind!

NASA/Dave Scott - Lunar Roving Vehicle 1 August 1971

Im Vereinigten Königreich gab es den Enfield 8000 von Enfield-Neorion, ein kleines Elektroauto, das von 1972 bis 1975 gebaut wurde. Trotz seiner beeindruckenden 48-V-30-kWh-Batterie blieb ein kommerzieller Erfolg aus. Es war seiner Zeit voraus, ein Pionier, der nicht die Anerkennung erhielt, die er verdiente.

In Amsterdam gab es 1974 sogar einen Carsharing-Versuch mit Elektroautos. Das »Witkar«-Projekt, mit seinen dreirädrigen Zwei-Personen-Autos, die in nur sieben Minuten aufgeladen werden konnten, war ein mutiger Versuch, die Zukunft zu gestalten. Leider blieb es ohne überdauernde Resonanz und wurde 1986 aufgegeben.

Und dann gab es den Hope Whisper in Dänemark, ein Auto, das nie über das Prototypenstadium hinauskam. Bei seiner Premiere in den achtziger Jahren kam es sogar zu einem Unfall vor den Augen von 3000 geladenen Gästen, einschließlich des damaligen dänischen Ministerpräsidenten Poul Schlüter.

Ein weiterer Versuch der Elektrorevolution fand seine Wurzeln im Jahr 1987, als das Fahrzeug unter dem Namen MiniEL in Dänemark das Licht der Welt erblickte. Fast ein Jahrzehnt später, zwischen 1994 und 2012, übernahm die Vorläufergesellschaft der Smiles AG die Fackel und produzierte den CityEL in Aub bei Würzburg. Ein echtes Urgestein der Elektromobilität, das zeigt, wie lange der Funke der elektrischen Revolution schon zündet!

MiniEl (ab 1987)

Diese Geschichten sind mehr als nur Fußnoten in der Geschichte der Elektromobilität. Sie sind Beweise für den menschlichen Erfindergeist, für den Wunsch, die Welt zu verändern, und für die Bereitschaft, Risiken einzugehen. Sie sind Erinnerungen daran, dass die Reise zur nachhaltigen Mobilität lang und voller Herausforderungen ist, aber auch voller Möglichkeiten und Wunder.

Über die Jahre gab es immer wieder Versuche, das Elektroauto wiederzubeleben.

Die Renaissance der Elektromobilität begann nicht mit einem Paukenschlag, sondern mit einem stetigen Crescendo. Die Bestrebungen, Elektromotoren im Automobilbau für den Antrieb einzusetzen, wurden verstärkt nach der durch den Golfkrieg ausgelösten Ölkrise der 1990er Jahre und dem wachsenden Umweltbewusstsein in Angriff genommen. Kalifornien, immer an der Spitze der Umweltbewegung, verabschiedete

1990 ein Gesetz, das die Automobilindustrie zwang, stufenweise emissionsfreie Fahrzeuge anzubieten.

Diese Regelung führte zu einer Explosion der Kreativität und Innovation. Neue Akkumulatortypen wurden entwickelt, die die alten Bleiakkumulatoren ablösten. Die Akkutechnologie wurde hauptsächlich durch den stark ansteigenden Bedarf bei Handys und Notebooks vorangetrieben. Elektroautos wie der BMW E1, der Horlacher Sport I, und der Golf CitySTROMer wurden entwickelt, getestet und manchmal sogar auf den Markt gebracht.

Doch es gab auch Rückschläge. Projekte wurden eingestellt, Fahrzeuge wurden nach der Lockerung der Gesetzgebung verschrottet, und die Versprechen der Elektromobilität schienen in der Ferne zu schwinden. Der Traum vom emissionsfreien Fahren blieb jedoch lebendig, genährt von Enthusiasten, Aktivisten und Visionären.

Dann kamen die 2000er Jahre, und die Renaissance nahm Fahrt auf. Fahrzeuge wie der Hotzenblitz, der CityEL, und das Twike hielten die Flamme der Elektromobilität am Brennen. General Motors baute den EV1, Toyota den RAV4 EV, und Nissan den »Hypermini«. Der Toyota Prius, das erste Großserienmodell mit Hybridantrieb, wurde ein weltweiter Erfolg.

Die Renaissance der Elektromobilität begann nicht in einem großen Automobilkonzern oder in einem geheimen Forschungslabor. Sie begann mit einer Vision, einer Vision, die so kühn und ambitioniert war, dass sie die Welt verändern könnte. Diese Vision gehörte Tesla, einem Unternehmen, das nicht nur Autos bauen, sondern die Art und Weise, wie wir über Transport denken, revolutionieren wollte.

Gegründet im Jahr 2003 von einer Gruppe von Ingenieuren, darunter Martin Eberhard und Marc Tarpenning, hatte Tesla ein klares Ziel vor Augen: die Welt von der Abhängigkeit von fossilen Brennstoffen zu befreien. Elon Musk, der später CEO wurde, brachte nicht nur Kapital, sondern auch eine unerschütterliche Entschlossenheit mit, dieses Ziel zu erreichen.

Das erste Auto, der Tesla Roadster, war mehr als nur ein Auto; es war ein Statement. Mit einer Reichweite von über 350 Kilometer und einer Beschleunigung von 0 auf 100 Stundenkilometer in nur 3,7 Sekunden zeigte der Roadster, dass Elektroautos nicht nur praktisch, sondern auch aufregend und leistungsstark sein können.

Tesla Roadster 2008–2012, Reichweite 350 km. Foto: IFCAR

Aber Tesla ging noch weiter. Während andere Hersteller zögerten, erkannte Tesla die Notwendigkeit, ein Netzwerk von Ladestationen aufzubauen. Mit dem Supercharger-Netzwerk begann Tesla, Schnellladestationen zu installieren, die es den Fahrern ermöglichten, ihre Autos in nur 30 Minuten aufzuladen. Es war ein mutiger Schritt, der zeigte, dass Tesla nicht nur Autos verkaufen, sondern auch die Infrastruktur schaffen wollte, die für den Erfolg der Elektromobilität notwendig ist.

Die Vision von Tesla ging über Autos hinaus. Mit der Einführung von Energiespeicherlösungen und Solarenergie wollte das Unternehmen zeigen, dass eine nachhaltige Zukunft möglich ist, eine Zukunft, in der unsere Häuser, unsere Transportmittel und unsere Städte sauber und effizient sind.

Tesla hat nicht nur Autos gebaut; es hat eine Bewegung geschaffen. Es hat gezeigt, dass Veränderung möglich ist, dass Innovation nicht nur in den Laboren großer Unternehmen stattfindet, sondern in den Herzen und Köpfen von Menschen, die bereit sind, Risiken einzugehen und die Welt zu verändern.

Die Revolution, die Tesla begonnen hat, ist mehr als nur eine technologische Veränderung. Es ist eine Veränderung in der Art und Weise, wie wir die Welt sehen, wie wir unsere Zukunft gestalten und wie wir uns selbst sehen. Es ist eine Revolution, die zeigt, dass wir nicht Gefangene unserer Vergangenheit sein müssen, sondern Architekten unserer Zukunft.

Und so, mehr als ein Jahrhundert nach den ersten Experimenten mit Elektroautos, steht die Elektromobilität wieder im Mittelpunkt. Dank Tesla und der Vision seiner Gründer ist die Revolution nicht nur möglich, sondern auch unvermeidlich.

Die Frage stellt sich: Wie sähe unsere Welt heute aus, wenn es bereits in den 1960er Jahren Elektroautos wie Tesla gegeben hätte?

Es ist wichtig, in diesem Kontext klarzustellen, dass dieses Buch nicht als Lobeshymne auf Tesla oder als Werbematerial für das Unternehmen gedacht ist. Die Absicht ist es, die Fakten darzulegen und die Rolle zu erkennen, die Tesla in der Entwicklung der Elektromobilität gespielt hat. Kritiker mögen auf Mängel und Herausforderungen hinweisen, denen das

Unternehmen gegenübersteht, und das ist ein gültiger Teil der Diskussion. Doch unabhängig von persönlichen Meinungen oder Markenloyalitäten kann man nicht leugnen, dass Tesla die Elektromobilität in den Vordergrund gerückt und den Weg für eine breitere Akzeptanz und Entwicklung geebnet hat. Ohne die Innovationen und das Engagement von Tesla wären wir heute wahrscheinlich nicht an dem Punkt, an dem wir uns in Bezug auf nachhaltige Transportlösungen befinden.

4. Die Gegenströmung: Die Widerstände gegen die Elektrorevolution

Die Elektrorevolution hat nicht nur Begeisterung und Unterstützung hervorgerufen. Wie bei jeder bedeutenden Veränderung gibt es auch hier Kräfte, die sich dagegenstemmen. In der Welt der Elektromobilität ist die Ölindustrie eine der mächtigsten und kontroversesten Gegenkräfte.

Seit Jahrzehnten ist die Ölindustrie ein zentraler Pfeiler der globalen Wirtschaft, und die Abhängigkeit von fossilen Brennstoffen hat sie zu einem Giganten gemacht. Die Vorstellung, dass Elektroautos diese Dominanz untergraben könnten, hat in einigen Kreisen der Branche Unruhe ausgelöst. Die Reaktion? Eine subtile, aber entschlossene Kampagne, um die Elektromobilität in Frage zu stellen und zu diskreditieren.

Falschmeldungen, Halbwahrheiten und gezielte Desinformation sind dabei nicht selten zum Einsatz gekommen. Von der Übertreibung der Reichweitenprobleme von Elektroautos bis hin zur Untergrabung der Umweltvorteile – die Strategien sind vielfältig und oft raffiniert verpackt.

Ein Beispiel? Die Behauptung, dass die Produktion von Elektroauto-Batterien mehr Umweltschäden verursacht als ein Leben lang mit einem Verbrennungsmotor zu fahren. Diese und ähnliche Aussagen wurden in den sozialen Medien, in Kommentarspalten und sogar in einigen Mainstream-Medien verbreitet, oft ohne gründliche Überprüfung oder Kontext.

Die Wahrheit ist komplexer, und während es berechtigte Bedenken und Herausforderungen im Bereich der Elektromobilität gibt, ist die Verbreitung von Falschinformationen eine Taktik, die mehr mit der Verteidigung von Marktanteilen als mit einer ehrlichen Debatte zu tun hat.

Die Ölindustrie steht vor einer ungewissen Zukunft, und die Elektromobilität ist nur ein Teil einer größeren Verschiebung hin zu nachhaltigeren Energiequellen. Doch die Art und Weise, wie einige Akteure auf diese Veränderungen reagieren, wirft ernsthafte Fragen über Ethik, Verantwortung und die Rolle von Wahrheit in einer Zeit auf, in der die Welt vor entscheidenden ökologischen Herausforderungen steht.

Kaum jemand erinnert sich an die Anfänge des Ölbooms, an die Zeit, als die ersten Bohrtürme nicht in Texas, sondern in Deutschland standen. Bilder von Ölfeldern, die sich bis zum Horizont erstrecken, sind in den Köpfen vieler Menschen fest verankert, doch diese Landschaften existieren heute weit entfernt von unseren Augen. Aus den Augen, aus dem Sinn? Für manche mag das zutreffen.

Die Ölindustrie hat sich im Laufe der Jahre geschickt darin gezeigt, das Bild von Verbrennungsmotoren als saubere und effiziente Technologie zu fördern. Gleichzeitig wird das Narrativ verbreitet, dass Elektroautos durch die Förderung der für ihre Akkus benötigten Rohstoffe umweltschädlich seien.

Doch ist es nicht so, dass auch Erdöl ein wichtiger Rohstoff ist, den wir in tausenden anderen Produkten brauchen? Von Kunststoffen über Medikamente bis hin zu Kosmetika – Erdöl ist überall. Und ist es nicht geradezu absurd, diesen wertvollen Rohstoff einfach zu verbrennen, anstatt ihn in nachhaltigeren und langlebigeren Anwendungen zu nutzen?

Die Ironie liegt darin, dass die gleiche Industrie, die uns einreden möchte, wie umweltschädlich Elektroautos sind, auch diejenige ist, die einen Rohstoff fördert und verbrennt, der in so vielen anderen Bereichen unseres Lebens unverzichtbar ist.

Die Debatte um Elektroautos versus Verbrennungsmotoren ist nicht nur eine Frage der Technologie oder Wirtschaftlichkeit. Es ist eine Frage der Werte, der Prioritäten und letztlich der Verantwortung, die wir gegenüber unserer Umwelt und den kommenden Generationen haben.

Die Elektrorevolution ist nicht nur eine technische Herausforderung; sie ist auch eine moralische. Es geht darum, wie wir unsere Ressourcen nutzen, wie wir unsere Umwelt schützen und wie wir eine Zukunft gestalten, die nachhaltiger, sauberer und gerechter ist.

In den politischen Arenen weltweit gibt es immer wieder Versuche, die Elektromobilität zu bremsen, oft durch Politiker und Lobbyisten, die mit der Ölindustrie verbunden sind. Diese Verbindungen können zu Vorschlägen führen, die direkt gegen die Interessen der Elektroautomobilindustrie gerichtet sind.

Ein bemerkenswertes Beispiel dafür ist der US-Bundesstaat Wyoming, wo einige Abgeordnete einen radikalen Schritt unternommen haben, indem sie ein Verbot von Elektroautos ab dem Jahr 2035 vorgeschlagen haben. Dieser Vorschlag steht im krassen Gegensatz zu den globalen Bestrebungen, den CO_2-Ausstoß zu reduzieren und die Abhängigkeit von fossilen Brennstoffen zu verringern.

Die Motivation hinter einem solchen Verbot ist nicht leicht zu durchschauen, aber es lässt sich nicht leugnen, dass es im Einklang mit den Interessen der Ölindustrie steht. Während die Welt sich bemüht, saubere Energiequellen zu fördern und den Klimawandel zu bekämpfen, scheinen solche Vorschläge ein verzweifelter Versuch zu sein, den Status quo aufrechtzuerhalten und die Fortschritte in Richtung einer nachhaltigeren Zukunft zu verhindern.

Diese Art von politischer Manövrierfähigkeit zeigt, wie tief die Ölindustrie in die politische Landschaft eingebettet ist und wie weit einige gehen würden, um ihre Interessen zu schützen. Es unterstreicht auch die Notwendigkeit einer wachsamen Öffentlichkeit und verantwortungsbewusster Gesetzgebung, um sicherzustellen, dass die Zukunft der Mobilität nicht durch kurzfristige Interessen und veraltete Denkweisen behindert wird.

Ach, Deutschland! Das Land der Dichter, Denker und ... Elektroauto-Gegner? Ja, du hast richtig gelesen. In einer deutschen Gemeinde wurde das Parken von Elektroautos in Tiefgaragen verboten. Der Grund? Sie könnten brennen! Eine wahrhaft explosive Behauptung, nicht wahr?

Diese Entscheidung löste eine Kettenreaktion aus, und einige private Mehrfamilienhäuser zogen nach. Plötzlich schienen Elektroautos zu gefährlichen Feuerwerken auf Rädern zu werden. Doch halt! Die Feuerwehr kam zur Rettung und entlarvte diesen Mythos. Laut ihren Statistiken brennen Elektroautos sogar seltener als ihre benzinbetriebenen Kollegen.

Und das Gerücht, sie könnten nicht gelöscht werden? Auch das stellte sich als falsch heraus. Man braucht lediglich mehr Wasser. Vielleicht sollte man in Zukunft einen Regentanz aufführen, bevor man sein Elektroauto parkt?

Glücklicherweise haben die Gerichte diese Verbote wieder aufgehoben, und die Elektroautos können nun wieder sicher in den Tiefgaragen schlafen. Die Moral von der Geschicht? Lass dich nicht von Mythen und Fehlinformationen täuschen.

Autos brennen? Ja, das tun sie. Aber werfen wir einen genaueren Blick darauf, wer hier wirklich der Übeltäter ist. Es sind nicht die Elektroautos, die für die schlimmsten Brände, zum Beispiel in Tunneln verantwortlich sind. Nein, es sind die Verbrennungsmotoren, die sich als wahre Pyromanen entpuppen.

Nehmen wir den Montblanc-Tunnel im Jahr 1999: 39 Tote. Ein Lastwagen, beladen mit Mehl und Margarine, geriet in Brand. Die Ursache? Eine glühende Zigarettenkippe. Das Feuer griff auf weitere Fahrzeuge über, und der Brand war erst nach 24 Stunden unter Kontrolle.

Oder der Gotthard-Strassentunnel, 2001: 11 Tote. Eine Frontalkollision zweier Lastwagen führte zu einem Brand. Und wer könnte das Busunglück im Sierre-Tunnel im Kanton Wallis 2012 vergessen? 28 Menschen starben, darunter 22 Kinder, Lehrer und Busfahrer. Das schwerste Busunglück in der Schweiz seit 30 Jahren.

Eine finnische Studie hat ergeben, dass Elektroautos mit einer Brandrate von 0,4 Bränden pro 10.000 Fahrzeugen im Vergleich zu Fahrzeugen mit Verbrennungsmotor, bei denen dieser Wert bei 4,3 Bränden pro 10.000 Pkw liegt, eine um das Zehnfache geringere Brandgefahr aufweisen würde.

Und trotzdem wird dem Elektroauto der Schwarze Peter zugeschoben. Interessant, nicht wahr? Besonders wenn man bedenkt, dass laut Zahlen der Gesamtverband der Deutschen Versicherungswirtschaft (GdV) in Deutschland Jahr für Jahr gut 15.000 Benziner und Diesel brennen. Das sind mehr als 40 pro Tag.

Vielleicht ist es an der Zeit, die Schuldzuweisungen zu überdenken und die Fakten anzuerkennen. Die Elektroauto-Revolution mag viele Herausforderungen haben, aber sie in Flammen aufgehen zu lassen, gehört nicht dazu.

Ist die Ära des Verbrennungsmotors zu Ende?

Wir alle haben schon Mythen über Elektroautos gehört. Diese Fehlinformationen haben viele von uns dazu gebracht, sich von dieser bahnbrechenden Technologie abzuwenden. Doch was, wenn diese Mythen nur dazu dienen, die Macht der Ölindustrie zu schützen? Lass uns gemeinsam diese vermeintlichen Wahrheiten entwirren und die Fakten aufdecken. Die elektrische Revolution hat begonnen, und es ist Zeit, die Wahrheit zu erkennen.

5. Mythen, Lügen und die Spaltung der Gesellschaft

In einer Zeit, in der Informationen schneller fließen als je zuvor, ist es leicht, sich von Mythen und Lügen mitreißen zu lassen. Besonders in der Welt der Elektromobilität gibt es Geschichten, die so hartnäckig sind, dass sie fast als Wahrheit durchgehen könnten. Und das ist kein Zufall.

Dieses Kapitel nimmt dich mit auf eine Reise, um die dunklen Ecken der Desinformation zu erkunden. Es wird aufgedeckt, wie mächtige Interessen die Wahrheit verbiegen, wie soziale Medien in Echokammern einschließen und wie all das die Gesellschaft spaltet.

Aber keine Sorge, es geht nicht nur darum, Probleme aufzuzeigen, sondern auch nach Lösungen zu suchen. Denn Wissen ist der Schlüssel, und die Wahrheit hat eine erstaunliche Kraft, selbst die hartnäckigsten Mythen zu zerstreuen.

Also schnall dich an, und lass uns gemeinsam die Nebel der Desinformation lüften. Es wird eine aufregende Reise!

5.1 Mythos 1: Lithiumabbau zerstört Umwelt, verschmutzt Trinkwasser

Der Abbau von Lithium verschmutzt die Umwelt und verbraucht kostbares Trinkwasser – ein wertvoller Rohstoff, der für die Akkus von Elektroautos »verschwendet« wird.

Solche Behauptungen begegnen einem immer wieder, besonders in den sozialen Medien. Manchmal stolpert man über sie, wenn man eigentlich nur neugierig auf Informationen über Elektroautos ist. Sie werden lautstark verkündet und scheinen auf den ersten Blick durchaus plausibel.

Doch was steckt wirklich hinter dieser Behauptung? Ist der Abbau von Lithium tatsächlich so schädlich für die Umwelt, wie es oft dargestellt wird? Oder handelt es sich hier um einen Mythos, der von Interessengruppen geschürt wird, um Zweifel und Unsicherheit zu säen?

Lithium – ein Element, das in der heutigen Zeit immer mehr an Bedeutung gewinnt. Tatsächlich wird ein Großteil des weltweit abgebauten Lithiums für Akkus von Elektroautos verwendet. Doch das ist nur ein Teil der Geschichte. Lithium findet sich auch in zahlreichen anderen Produkten, von Laptops bis hin zu Mobiltelefonen, und spielt eine entscheidende Rolle in unserer modernen Technologie.

Jetzt, da wir das im Hinterkopf haben, lass uns einen Blick auf die Weltkarte werfen. Das Herz der Lithiumgewinnung schlägt im sogenannten »Lithium-Dreieck«, einer Region, die sich über Bolivien, Argentinien und

Chile erstreckt. Aber das ist noch nicht alles. Die wichtigsten Lithiumförderländer sind Australien, Chile und China, und die größten Reserven finden sich in Chile, Australien und Argentinien.

Und es gibt noch mehr zu entdecken! Die größte Lithiummine der Welt, die Greenbushes Mine in Australien, wird von einem Joint-Venture betrieben. Und selbst in Europa sitzt Portugal auf einem der größten Vorkommen.

Warum erzähle ich dir das alles? Weil es wichtig ist, die Fakten zu kennen, bevor wir uns mit Mythen und Missverständnissen auseinandersetzen. Lithium ist nicht nur ein Element in der Periodentabelle; es ist ein Schlüssel zu unserer Zukunft, ein Baustein unserer Technologie. Und wie bei allem, was wertvoll und begehrt ist, gibt es auch hier Kontroversen und Debatten. Doch um diese zu verstehen, müssen wir zunächst die Grundlagen kennen.

Die häufigste Methode zur Lithiumgewinnung ist die sogenannte Sole-Extraktion. Hierbei wird Lithium aus unterirdischen Salzseen gewonnen, die reich an Lithiumsalzen sind. Der Prozess funktioniert folgendermaßen:

Sole-Pumpen: Die Sole, eine salzhaltige Flüssigkeit, wird aus dem unterirdischen Reservoir an die Oberfläche gepumpt.

Verdunstung: Die Sole wird in große Verdunstungsbecken geleitet. Durch die natürliche Verdunstung des Wassers unter der Sonne konzentrieren sich die Salze, einschließlich des Lithiums.

Trennung und Reinigung: Nach der Verdunstung wird das konzentrierte Lithiumsalz von anderen Salzen und Verunreinigungen getrennt und gereinigt.

Weitere Verarbeitung: Das gereinigte Lithiumsalz wird dann weiter verarbeitet, um Lithiumcarbonat oder andere Lithiumverbindungen herzustellen, die in Batterien verwendet werden können.

Diese Methode ist insofern umweltfreundlich, als sie hauptsächlich auf natürliche Prozesse wie Sonnenverdunstung setzt. Allerdings gibt es auch Bedenken, insbesondere in Bezug auf den Wasserverbrauch. In einigen trockenen und wasserarmen Regionen kann die Entnahme großer Mengen von Sole aus dem Untergrund das lokale Ökosystem beeinträchtigen.

Es ist auch wichtig zu betonen, dass es alternative Methoden zur Lithiumgewinnung gibt, wie z.B. die Gewinnung aus Hartgestein, die andere Umweltauswirkungen haben kann.

Die Wahrheit ist, dass wie bei vielen Bergbau- und Extraktionsprozessen die Umweltauswirkungen von vielen Faktoren abhängen, einschließlich der Technologie, der Standortwahl, der Regulierung und der Sorgfalt der Betreiber. Es gibt Möglichkeiten, die Lithiumförderung nachhaltiger zu gestalten, aber das erfordert Engagement, Innovation und verantwortungsbewusste Praktiken.

Aber nun, da wir die Grundlagen kennen, können wir uns einem konkreten Beispiel widmen, um zu zeigen, wie irreführend manche Aussagen sein können. Zu meinem großen Bedauern sind es nicht nur Privatleute, die in den sozialen Medien falsche Meldungen verbreiten. Immer öfter sind es auch Zeitungen oder sogar öffentlich-rechtliche Medien, die fehlerhafte Informationen liefern. Das bedauere ich zutiefst und wünschte, es gäbe hier mehr Selbstkontrolle und Verantwortungsbewusstsein.

Doch nun zu einem konkreten Beispiel, das diese Problematik veranschaulicht.

Anfang 2023 brachte STRG_F eine Dokumentation über Elektroautos heraus, in der das Thema Lithium besonders beleuchtet wurde. Der Titel der Sendung lautete »E-Autos: Werden sie das Klima retten?« STRG_F wird von PANORAMA für funk produziert. Funk ist ein Gemeinschaftsangebot der Arbeitsgemeinschaft der Rundfunkanstalten der Bundesrepublik Deutschland (ARD) und des Zweiten Deutschen Fernsehens (ZDF), also ein öffentlich-rechtliches Angebot. Dies unterstreicht die Bedeutung und Reichweite der in der Dokumentation präsentierten Informationen.

Vorweg, der Titel »Werden E-Autos das Klima retten?« wird auch gleich zu Beginn der Doku noch einmal wörtlich gefragt. Dazu muss man klarstellen: Eine solche Frage in den Raum zu stellen, ist irreführend. Niemand, der halbwegs seriös arbeitet, egal ob als Wissenschaftler oder Journalist, würde behaupten, dass Elektroautos allein das Klima »retten« könnten. Sie sind lediglich ein kleiner Teil einer umfassenden Strategie, die dazu beitragen kann, die Umweltbelastung zu reduzieren. Im Vergleich zu Verbrennungsmotoren sind sie umweltfreundlicher und können unserer Gesundheit guttun. Aber das ist nicht der Punkt, auf den ich hier hinauswill. In der Dokumentation werden aussagen getroffen, die teils falsch und sehr einseitig sind. Hier sind nur ein paar Beispiele.

In der Dokumentation wird der Lithiumabbau in Argentinien auf eine Weise dargestellt, die viele als einseitig empfinden könnten. Der Fokus liegt auf einer kleineren Firma namens Livent, die ein Verfahren verwendet, das 10 Mal mehr Frischwasser benötigt als alle anderen. Das sogenannte Direct Lithium Extraction. Dies wird als die Norm präsentiert, ohne auf die umweltfreundlicheren Methoden einzugehen, die von den größeren Firmen wie Ganfeng Lithium, Albemarle, SQM und Tianqi Lithium verwendet werden.

Zu den Zahlen: Das schonendere Verfahren, das von den großen Förderfirmen weltweit verwendet wird, nennt sich Verdunstungsmethode. Dabei wird untrinkbares, hochkonzentriertes Salzwasser, auch Sole genannt, an die Oberfläche gepumpt, um es zu trocknen. Im zweiten Schritt wird dann

Frischwasser genommen, um die Salze vom Lithium zu waschen. Dabei werden etwa 22.500 Liter Frischwasser für eine Tonne Lithium gebraucht. Das heißt im Klartext: Ein Elektroauto hat etwa 50 Kilogramm Lithium, also gehen etwa 1.300 Liter Wasser dafür drauf. Zum Vergleich: Ein Kilo Rindfleisch benötigt etwa 15.000 Liter Wasser.

Diese Darstellung lässt den Zuschauer mit dem Eindruck zurück, dass der Lithiumabbau zwangsläufig mit enormem Wasserverbrauch und Umweltzerstörung verbunden ist. Dabei wird die Firma Livent als Hauptakteur hervorgehoben, ohne die breitere Perspektive und die Bemühungen anderer Unternehmen zu berücksichtigen, die nachhaltigere Methoden anwenden.

Das Direct Lithium Extraction-Verfahren wird oft als modern und effizient angepriesen. Es verspricht, mehr Lithium zu extrahieren, und das klingt zunächst vielversprechend. Doch wie so oft im Leben, und besonders in der Wissenschaft, muss man genauer hinschauen.

Tatsächlich benötigt dieses Verfahren mehr Frischwasser. Und wo wird dieses Wasser entnommen? Aus der Region, der Salzwüste, in der auch Menschen leben. Das Wasser, das für den Lithiumabbau verwendet wird, fehlt dann für andere lebenswichtige Zwecke. Es ist, als würde man den Menschen vor Ort das Wasser abgraben, im wahrsten Sinne des Wortes.

Die Dokumentation hätte eine Gelegenheit sein können, ein ausgewogeneres Bild zu zeichnen und die Zuschauer dazu anzuregen, kritisch über die Themen nachzudenken, die sie präsentiert. Es wäre doch wenigstens in einem Beisatz zu erwähnen gewesen, dass es auch umweltfreundlicher geht. Doch im Film war die Firma Livent eher ein Paradebeispiel.

Hier sollte nicht der Lithiumabbau kritisiert werden, sondern Methoden in Frage gestellt werden. Die einseitige Darstellung trägt nicht dazu bei, ein tieferes Verständnis für die Herausforderungen und Möglichkeiten der Lithiumindustrie zu fördern, sondern dient eher dazu, Vorurteile zu verstärken und Ängste zu schüren.

Doch es geht noch weiter.

Denn in der 45-minütigen Dokumentation ist nicht einmal die Rede davon, welche Ölkatastrophen die letzten Jahre geschahen. Denken wir nur an die Deepwater Horizon im Golf von Mexiko im Jahr 2010, bei der fast 5 Millionen Barrel Öl ins Meer flossen. Oder die Exxon Valdez-Katastrophe vor der Küste Alaskas im Jahr 1989, die eine der schlimmsten Umweltkatastrophen in der US-Geschichte darstellt. Diese und viele andere Beispiele zeigen, dass die Förderung und der Transport von Öl erhebliche Risiken bergen können.

Tatsächlich wurde von den angeblich umweltschutzinteressierten Redakteuren von STRG_F das Elektroauto als die größte Katastrophe hingestellt. Man muss sich fragen: Was für Interessen werden hier über die öffentlich-rechtlichen Medien verbreitet?

Und nun kommt das Beste aus derselben Doku. Als es bei Minute 26 um die Klimabilanz der Elektroautos geht, wurde kein Wissenschaftler oder Experte gefragt. Nein, es wurde auch keine Studie mit echten Daten zitiert. Woher auch? Die Redakteure von STRG_F zogen irgend einen Gewerkschaftler und Betriebsrat von VW vor die Kamera. Also jemanden, der absolut kein Interesse daran hat, Elektromobilität auch nur ansatzweise zu befürworten. Und der sagt dann tatsächlich, dass Elektroautos nicht dazu führen, dass wir weniger CO_2 in die Luft pusten.

Das behauptet der einfach mal so. Ohne irgendetwas vorzulegen. Dabei
gibt es inzwischen keine seriöse Studie, die so etwas sagen würde. Natürlich haben Elektroautos eine CO_2-Rucksack. Doch dieser wird von Jahr
zu Jahr weniger und ist nach wenigen Tausend Kilometern im Vergleich
zum Verbrenner eingeholt. Während der Verbrennungsmotor zeit seines
Lebens weiter CO_2 produzieren muss, wird das Elektroauto immer neut-
raler.

Was lernen wir daraus? Dass es entscheidend ist, die Quellen und
Motivationen hinter den Informationen, die wir erhalten, kritisch zu
hinterfragen. Es ist nicht genug, einfach zu akzeptieren, was uns präsentiert wird, besonders wenn es um so wichtige Themen wie den Klimawandel und die Zukunft unserer Energiever-
sorgung geht.

Dieser QR-Code führt zu einem YouTube-
Video von Tom Bötticher, in dem alle
Aspekte detailliert und verständlich erklärt
werden. Tom Böttcher ist Chemiker, begeis-
terter Wissenschaftler und Batterieforscher.

5.2 Mythos 2: Kobalt ist schuld an Kinderarbeit

Kobalt und Kinderarbeit – Was steckt wirklich dahinter?

Zunächst – Kinderarbeit ist eine schlimme Sache. Und wir sollten immer genau hinsehen, wo Unrecht geschieht. Kinderarbeit und Kobalt wird oft als Argument genommen, die Revolution der Elektromobilität zu bremsen. Was steckt dahinter?

Hier ein paar Zahlen. Weltweit müssen 160 Millionen Mädchen und Jungen im Alter von 5 bis 17 Jahren für die westliche Welt und deren Wohlstand arbeiten. Aber was machen die Kinder? Sie arbeiten in Minen, auf Feldern, in Fabriken, oft unter Bedingungen, die wir uns kaum vorstellen können. Es ist ein globales Problem, das weit über den Kobaltabbau hinausgeht.

Gold zum Beispiel. Das wurde doch noch nie erwähnt, oder so an den Pranger gestellt. Vielleicht, weil es nicht in Elektroautos verbaut ist? Etwa 600.000 Kinder arbeiten in der (ehemals) französischen Kolonie Burkina Faso, um in den Minen Gold zu finden. Von den 60 Tonnen Gold pro Jahr gehen knapp 10 % an das Land, und nur ein lächerlicher Bruchteil an die Kinder und deren Familien, die auch mit schuften müssen. Richtigstellung: Diese Menschen leben trotzdem, dass das Land so viele Bodenschätze hat, in Armut. Der große Teil geht nach Frankreich. In Frankreich gibt es keine einzige aktive Goldmine. Dennoch besitzt dieser (ehemalige) Kolonialstaat mit 2.436 Tonnen die viertgrößten Goldreserven der Welt. Übrigens, Frankreich bezieht einen Großteil seines Urans aus Niger in Afrika. Auch hier hatte das ehemalige Kolonialland früher das Sagen. Für den »sauberen Strom«, den die Franzosen genießen, arbeiten dort oft Kinder unter schwierigen Bedingungen in den Minen. Doch dazu kommen wir später.

Doch halt, lass uns einen Moment innehalten und über die Kinderarbeit nachdenken. 160 Millionen Kinder – eine unvorstellbare Zahl. Was genau machen diese Kinder? Die meisten, etwa 70 %, sind in der Landwirtschaft beschäftigt. Weitere 20 % arbeiten als Hilfskräfte im Dienstleistungsbereich, und 10 % sind in der Industrie tätig.

Betrachten wir die Kobaltminen in der Demokratischen Republik Kongo, wo etwa 40.000 Kinder arbeiten. Das ist eine erschreckende Zahl, und die Situation ist zweifellos tragisch. Aber warum hören wir so selten von den 600.000 Kindern in Burkina Faso, die für unseren westlichen Reichtum Gold schürfen? Laut UNICEF sind in Burkina Faso etwa 1,2 Millionen Kinder beschäftigt, viele davon in der Landwirtschaft und im Bergbau.

Ich möchte nicht die Tatsache verharmlosen, dass 40.000 Kinder im Kobaltabbau arbeiten. Aber es lohnt sich, genauer hinzusehen, was mit dem Kobalt aus dem Kongo geschieht und wie es mit der Akku-Produktion für Elektroautos zusammenhängt.

Schauen wir uns das Ganze einmal genauer an. Die Lobbyarbeit der Ölbarone in Bezug auf Kobalt könnte sich als Eigentor erweisen, und gleichzeitig eröffnet sie eine große Chance für die Menschen im Kongo. Warum? Weil erst jetzt, durch die aufkommende Bedrohung der Elektroautos für die Ölindustrie, die Aufmerksamkeit auf die Menschenrechtsverletzungen im Kongo gelenkt wird. Und das alles wegen des Abbaus von Kobalt.

Interessant ist, dass Kobalt eigentlich nur ein Nebenprodukt der Nickel- und Kupferproduktion ist. Man könnte also behaupten, dass jede Kupferleitung schuld an der Kinderarbeit im Kongo ist. Aber das tut niemand. Seltsam, oder?

Kobalt findet sich nicht nur in den Akkus von Elektroautos, sondern auch in unseren Smartphones, in Eisenlegierungen von Verbrennungsmotoren und sogar in metallenen Brillengestellen. Die Menge an Kobalt in Verbrenner-Autos ist natürlich deutlich geringer als in Elektrofahrzeugen. Und dennoch wurde dieses Metall seit Jahrzehnten abgebaut, ohne dass es jemanden interessierte, woher es kam. Genauso wie bei Kupfer und Nickel.

Jetzt aber zum positiven Aspekt: Der größte weltweit geförderte Kobaltabbau wird tatsächlich für Akkus in Elektroautos verwendet. Der Kongo ist der größte Kobaltlieferant weltweit. Und dank der Elektroauto-Gegner wird nun endlich auf die menschenrechtsverachtende Lage im Kongo aufmerksam gemacht. Es wird sogar einiges dafür getan, dass sich dies ändert.

Es gibt im Kongo zwei Arten von Minen: Zum einen die großen kontrollierten Minen, in denen eigentlich nur Erwachsene arbeiten dürfen. Etwa 80-90 % des Kobalts kommt aus diesen Minen. Zwar sind die Arbeitsbedingungen auch hier nicht immer gut, aber es ist ein kontrollierterer Bereich. Zum anderen gibt es die kleinen, teils illegalen Minen, oft Familienbetriebe, in denen auch Kinder arbeiten. Diese Minen sind für den Rest des Kobalts verantwortlich.

Die Lieferketten sind nicht transparent genug, um immer den genauen Weg zurückverfolgen zu können. Aber was soll man tun? Dank der Aufmerksamkeit, die Kobalt durch die E-Mobilität erhalten hat, wurden viele Organisationen zur Verbesserung der Arbeitsbedingungen im Kongo gegründet. Es gibt Sorgfaltspflichten und Zertifizierungspflichten.

Seit 2023 sind deutsche Autobauer durch das Lieferkettengesetz dazu verpflichtet, Kobalt nur aus kontrollierten Minen zu beziehen.

Der Aufschrei über Kobalt für Elektroautos und Kinderarbeit hat tatsächlich einen Stein ins Rollen gebracht, der die Menschenrechte im Kongo nach und nach verbessert. Es ist ein Beispiel dafür, wie öffentliche Aufmerksamkeit und Verantwortungsbewusstsein positive Veränderungen bewirken können. Es zeigt uns, dass wir nicht einfach die Augen verschließen dürfen, sondern dass wir die Macht haben, Dinge zu verändern, wenn wir nur genau hinschauen und handeln.

Aber der Kongo ist nicht das einzige Abbaugebiet für Kobalt. Weltweit gibt es weitere Vorkommen, etwa in Australien, Russland, Kanada, Kuba, Brasilien, den Philippinen und Madagaskar. In vielen dieser Länder, insbesondere in Australien, Kanada und Russland, gelten strengere Arbeits- und Umweltschutzgesetze, und die Bedingungen sind besser reguliert. Die Verteilung der Vorkommen zeigt, dass es Möglichkeiten gibt, verantwortungsbewusst und ethisch mit diesem wichtigen Rohstoff umzugehen. Es ist nicht nur eine Frage der Geographie, sondern auch der Ethik, der Politik und der Unternehmensverantwortung.

Und es gibt noch mehr gute Nachrichten. Es ist auch möglich, Akkus für Elektroautos komplett ohne Kobalt zu bauen. Die sogenannten LFP-Akkus (Lithium-Eisenphosphat) sind eine vielversprechende Alternative. Sie sind nicht nur kostengünstiger, sondern auch thermisch stabiler, was sie sicherer macht. Der Nachteil ist eine geringere Energiedichte, aber die Technologie entwickelt sich stetig weiter. Es ist ein lebendiges Beispiel dafür, wie Innovation und Forschung uns helfen können, die Herausforderungen von heute zu meistern und gleichzeitig die Türen für die Möglichkeiten von morgen zu öffnen.

Und zu guter Letzt: Kobalt, wie der gesamte Akku, kann gut recycelt werden. Bis zu 95 % der Rohstoffe können wiederverwendet werden. Das ist ein enormer Fortschritt im Vergleich zu Verbrennungsmotoren, die den wertvollen Rohstoff Erdöl einfach verbrennen. Hier zeigt sich, dass Elektromobilität nicht nur eine Frage der Technologie, sondern auch der Verantwortung und der Vision für eine nachhaltigere Zukunft ist.

Wie eingangs dieses Kapitels erwähnt, ist Kinderarbeit nicht nur bei Kobalt ein Problem. Die erschütternde Zahl von 160 Millionen Kindern, die weltweit arbeiten müssen, zeigt, dass dies ein globales Dilemma ist, das weit über den Kobaltabbau hinausgeht. Und während der Fokus oft auf dem Kobalt liegt, dürfen wir nicht vergessen, dass dies nur ein kleiner Teil eines viel größeren Problems ist.

Denk an das Gold, das in Burkina Faso abgebaut wird. 600.000 Kinder, die in den Minen schuften, während der Großteil des Goldes nach Frankreich fließt. Und das ist nur ein Beispiel. Jedes dieser Kinder hat eine Geschichte, eine Familie, Träume und Hoffnungen. Jedes dieser Kinder verdient unsere Aufmerksamkeit.

Es wäre schön, ja es wäre richtig und notwendig, dass wir nicht nur auf die Kinder im Kongo schauen, sondern auf alle Kinder, die unter Bedingungen arbeiten, die wir uns kaum vorstellen können. Es wäre schön, wenn wir nicht nur die Elektromobilität kritisch hinterfragen, sondern auch unsere Smartphones, unseren Schmuck, unsere Kleidung, unser Essen. Es wäre schön, wenn wir nicht nur die Verantwortung der Autohersteller einfordern, sondern auch unsere eigene Verantwortung als Verbraucher erkennen.

Denn es geht nicht nur um Kobalt und Elektroautos. Es geht um Gerechtigkeit, Menschlichkeit, und die Zukunft, die wir unseren Kindern hinterlassen wollen. Es geht darum, die Dinge besser zu machen, nicht nur für uns, sondern für alle. Es geht darum, nicht nur die Symptome zu bekämpfen, sondern die Ursachen zu verstehen und zu verändern. Es geht darum, nicht nur die Augen zu öffnen, sondern auch das Herz.

Die Revolution der Elektromobilität zeigt gerade hier, dass Veränderung möglich sind. Sie hat uns gezeigt, dass wir die Macht haben, die Dinge zum Besseren zu wenden. Jetzt liegt es an uns, diesen Weg weiterzugehen, nicht nur für die Elektroautos, sondern für eine gerechtere, menschlichere und nachhaltigere Welt. Denn am Ende des Tages geht es nicht nur um Autos oder Gold oder Kleidung. Es geht um Menschen. Es geht um uns.

5.3 Mythos 3: Brennende E-Autos können nicht gelöscht werden

Es gibt Mythen, die sich hartnäckig halten, und dann gibt es solche, die sich in die Köpfe der Menschen einbrennen. Der Mythos, dass Elektroautos leichter in Flammen aufgehen und nicht gelöscht werden können, gehört definitiv zur zweiten Kategorie. Aber was steckt wirklich dahinter? Lassen wir uns auf eine kleine Entdeckungsreise begeben.

Zunächst einmal: Autos brennen. Das ist keine Neuigkeit. Verbrennungsmotoren, die mit hochentzündlichen Flüssigkeiten wie Benzin oder Diesel betrieben werden, können Feuer fangen. Tatsächlich brennen in Deutschland laut Zahlen des Gesamtverbands der Deutschen Versicherungswirtschaft (GdV) gut 15.000 Benziner und Diesel pro Jahr. Das sind mehr als 40 pro Tag!

Aber wie steht es um Elektroautos? Brennen sie häufiger? Sind sie schwerer zu löschen?

Die Antwort ist überraschend einfach: Nein. Elektroautos brennen nicht häufiger als Verbrenner. Die Feuerwehr bestätigt, dass die Anzahl der Brände bei Elektroautos im Verhältnis zur Anzahl der zugelassenen Fahrzeuge sogar geringer ist. Und der Mythos, dass sie nicht gelöscht werden können? Auch das ist nicht wahr. Es wird lediglich mehr Wasser benötigt. Das ist alles.

Aber warum hält sich dieser Mythos so hartnäckig? Vielleicht liegt es an der Angst vor dem Neuen, dem Unbekannten. Vielleicht liegt es daran, dass wir uns an Verbrennungsmotoren gewöhnt haben und die Elektromobilität noch immer als etwas Fremdes betrachten. Oder vielleicht liegt es daran, dass es Interessengruppen gibt, die von der Verbreitung solcher Mythen profitieren.

Die Wahrheit ist, dass Elektroautos nicht das Feuer-Teufelswerk sind, als das sie manchmal dargestellt werden. Sie sind eine Technologie, die uns helfen kann, unsere Abhängigkeit von fossilen Brennstoffen zu verringern und unsere Umwelt zu schützen. Sie sind nicht perfekt, aber sie sind ein Schritt in die richtige Richtung.

Und wie bei jedem Schritt, den wir in Richtung Zukunft machen, sollten wir nicht von Mythen und Ängsten geleitet werden, sondern von Fakten, Verständnis und dem Willen, die Dinge besser zu machen.

Zu diesem Thema habe ich bereits zu Anfang des Buches ausführlich berichtet, und ich möchte nicht Gefahr laufen, mich zu wiederholen. Die Fakten sind klar, und die Mythen sind entlarvt.

Abschließend möchte ich noch einmal auf eine vielversprechende Entwicklung hinweisen, die ich bereits erwähnt habe: die LFP-Akkus (Lithium-Eisenphosphat). Diese Akkus sind nicht nur kobaltfrei und kostengünstiger, sondern sie haben auch den entscheidenden Vorteil, dass sie nicht brennen. Das macht sie zu einer sicheren und nachhaltigen Option für die Zukunft der Elektromobilität.

Die LFP-Akkus sind ein beeindruckendes Beispiel dafür, wie Forschung und Innovation dazu beitragen können, die Herausforderungen zu meistern und die Mythen zu entkräften, die die Elektromobilität umgeben. Sie zeigen, dass wir nicht nur in der Lage sind, Probleme zu lösen, sondern auch, dass wir bereit sind, mutig voranzuschreiten und die Technologie in eine Richtung zu lenken, die im Einklang mit unseren Werten und unserer Verantwortung für die Umwelt und die Gesellschaft steht.

Die Elektromobilität ist kein starres Konzept, sondern ein dynamisches Feld, das sich ständig weiterentwickelt. Die LFP-Akkus sind nur ein Beispiel dafür, wie wir gemeinsam eine bessere, sicherere und verantwortungsbewusstere Zukunft gestalten können. Es ist ein aufregender Weg, und ich lade dich ein, ihn mit mir zu gehen, mit Neugier, Offenheit und dem festen Willen, die Dinge zum Besseren zu verändern.

Diese vielversprechenden LFP-Akkus sind keine ferne Zukunftsmusik, sondern bereits Realität. Aktuell sind sie in allen Tesla Modellen 3 und Y verbaut, und es ist sicher, dass weitere Automobilhersteller diesem Beispiel folgen werden. Die Implementierung dieser Technologie in einem der bekanntesten Elektroauto-Modelle der Welt zeigt, dass die Industrie bereit ist, auf Innovationen zu setzen, die nicht nur wirtschaftlich, sondern auch ethisch und ökologisch sinnvoll sind.

Es ist ein ermutigendes Zeichen, dass wir auf dem richtigen Weg sind, und ein Beweis dafür, dass die Elektromobilität nicht nur eine vorübergehende Modeerscheinung ist, sondern eine ernsthafte und nachhaltige Antwort auf einige der drängendsten Herausforderungen unserer Zeit. Die LFP-Akkus sind ein wichtiger Schritt in diese Richtung, und ich bin gespannt, welche weiteren Fortschritte wir in den kommenden Jahren erleben werden.

5.4 Mythos 4: Reichweite und Ladezeiten

Reichweitenangst – ein Begriff, der in den letzten Jahren immer wieder auftaucht, wenn es um Elektroautos geht. Die Angst, dass die Batterie plötzlich leer ist und man irgendwo auf der Straße strandet. Aber ist diese Angst wirklich berechtigt?

Schauen wir uns die Fakten an. Die meisten modernen Elektroautos haben eine Reichweite von über 300 Kilometern, einige sogar weit darüber hinaus. Das ist mehr, als die meisten Menschen an einem Tag fahren. Und mit der stetigen Weiterentwicklung der Batterietechnologie wird diese Zahl nur noch steigen.

Aber was ist mit den Behauptungen, dass Elektroautos im Stau leer gehen oder im Winter nicht mehr heizen können und liegen bleiben? Diese Vorstellungen sind weit verbreitet, aber sie halten einer genauen Betrachtung nicht stand.

Nehmen wir zum Beispiel die Klimaanlage oder die Heizung in einem Elektroauto. Diese verbrauchen in der Regel zwischen 1 und 3 kW pro Stunde. Selbst wenn wir von einem durchschnittlichen Verbrauch von 2 kW ausgehen und die Batterie eines modernen Elektroautos eine Kapazität von 60 kWh hat, könnten wir die Klimaanlage oder Heizung theoretisch 30 Stunden lang betreiben, ohne dass die Batterie leer wäre.

Und das ist noch nicht alles. Im Gegensatz zu einem Verbrennungsmotor, bei dem der Motor laufen muss, um die Heizung oder Klimaanlage zu betreiben, kann man bei einem Elektroauto diese Systeme auch ausschalten, wenn sie nicht benötigt werden. Das spart Energie und verlängert die Reichweite.

Tatsächlich könnte man argumentieren, dass ein Elektroauto im Stau sogar länger mit Heizung oder Klimaanlage stehen kann als ein Verbrenner. Denn während bei einem Verbrennungsmotor der Motor ständig laufen muss, um die Heizung oder Klimaanlage zu betreiben, kann ein Elektroauto diese Energie direkt aus der Batterie beziehen, ohne dass der Motor laufen muss.

Die Vorstellung, dass Elektroautos im Stau oder bei kaltem Wetter plötzlich liegen bleiben, ist also ein weiterer Mythos, der auf Missverständnissen und veralteten Informationen basiert. Die Realität ist, dass Elektroautos in diesen Situationen nicht nur genauso zuverlässig sind wie Verbrenner, sondern in einigen Fällen sogar Vorteile bieten.

Natürlich, wie bei allem im Leben, gibt es auch hier Ausnahmen. Wenn man mit einer fast leeren Batterie auf die Autobahn fährt, könnte man tatsächlich in Schwierigkeiten geraten. Aber ist das wirklich eine spezifische Schwäche von Elektroautos? Nein, das ist eine Frage der Planung und des gesunden Menschenverstands.

Denke nur an herkömmliche Autos mit Verbrennungsmotor. Wenn du mit einem fast leeren Tank auf die Autobahn fährst, besteht auch hier die Gefahr, dass du liegen bleibst. Das ist keine Frage der Technologie, sondern der Verantwortung des Fahrers.

Elektroautos sind in vielerlei Hinsicht nicht anders als ihre Verbrenner-Pendants. Sie benötigen ebenso Sorgfalt und Aufmerksamkeit. Die Reichweitenangst, die oft mit Elektroautos in Verbindung gebracht wird, ist in den meisten Fällen unbegründet, solange man verantwortungsbewusst mit der Technologie umgeht.

Aber was ist mit den Ladezeiten? Diese Frage ist berechtigt und verdient eine genaue Betrachtung. Es kommt darauf an, sich vor dem Kauf zu informieren. Wie viel kW kann das Auto aufnehmen? Welche Ladeinfrastruktur steht zur Verfügung? Die Antworten auf diese Fragen sind entscheidend.

Nehmen wir zum Beispiel ein Elektroauto, das mit einer Ladeleistung von 150 kW oder 250 kW geladen werden kann. An einer entsprechenden Schnellladestation dauert es durchschnittlich nur 15 bis 25 Minuten, um die Batterie soweit aufzuladen, dass man wieder einige hundert Kilometer fahren kann. Das ist gerade genug Zeit, um eine kleine Pause zu machen, etwas zu essen, die Beine zu strecken und sich zu entspannen. So meine eigene Erfahrung seit über drei Jahren.

Um die Ladezeit eines E-Autos an der Heimischen Ladestation zu berechnen, lässt sich folgende Formel anwenden: Akkukapazität geteilt durch die Ladeleistung des Autos. Bei einer Akkukapazität von 88 kWh und einer Ladeleistung von 11 kW ergibt sich eine Ladezeit von 8 Stunden. Beim Kauf eines Elektroautos ist es wichtig zu berücksichtigen, wie schnell das Fahrzeug geladen werden kann, da nicht alle über eine Schnellladeoption verfügen. Einige Elektroautos können beispielsweise nur eine Ladeleistung von 22 kW aufnehmen. Es wäre ärgerlich, in den Urlaub zu fahren und sich dann zu wundern, warum das Laden stundenlang dauert.

Hier ein Beispiel. Wenn du auf Reisen bist, eine Schnelllademöglichkeit im Auto hast und an einer Schnellladestation mit 200 kW lädst, und dein Akku ist noch zu 20 % gefüllt, dann musst du nur 70 % aufladen. Bei einer Akkukapazität von 70 kWh ergibt das eine Ladezeit von nur etwa 20 Minuten für 70 % Aufladung. Und schon bist du wieder auf der Straße, bereit für die nächsten paar hundert Kilometer. Und bedenke, die Entwicklung schläft nicht. Schon in wenigen Jahren wird dieselbe Leistung vielleicht nur in 5 Minuten möglich sein.

Aber auch mit Schnelllademöglichkeit muss man zugeben: Ja, es dauert derzeit länger als das Tanken von Benzin. Aber die Erfahrung zeigt, dass es ein entspanntes Fahren ermöglicht. Man plant die Pausen einfach mit ein, genießt die Unterbrechung und fährt dann weiter, ohne sich Sorgen um die Reichweite machen zu müssen.

5.5 Mythos 5: Schlechte Infrastruktur der Lademöglichkeiten

Laut den neuesten Zahlen der Bundesnetzagentur vom 1. April 2023 sind in Deutschland insgesamt 88.316 Ladesäulen im Betrieb gemeldet. Davon sind 67.288 Normalladepunkte, also mit einer Ladeleistung bis 22 kW, und 13.253 Schnellladepunkte mit einer Leistung ab 22 kW. Im dritten Quartal des Jahres 2023 lag die Anzahl der Ladestationen in Deutschland laut einer anderen Quelle bei rund 34.100. Und dies wird natürlich weiter ausgebaut.

Andere Länder sind schon viel weiter. Nehmen wir die Niederlande zum Beispiel. Ende 2022 gab es in den Niederlanden fast 120.000 öffentliche Ladestationen für Elektroautos. Hinzu kommen über 4.100 Schnelllade-stationen. Das ist beeindruckend und zeigt, dass die Infrastruktur für Elektroautos stetig wächst.

Theoretisch gibt es Millionen Ladepunkte in Deutschland, Österreich oder auch in vielen anderen Ländern der Welt, denn jede Steckdose kann dazu verwendet werden, ein Elektroauto zu laden. Klar, das dauert dann Stunden, aber es geht. Natürlich ist auch klar, dass nicht alle Menschen die Möglichkeit haben, direkt vor ihrem Haus oder vor der Wohnung zu laden. Für diese Leute muss das Ladenetz auch weiter ausgebaut werden. Auch ist es wichtig, Supermärkte und Einkaufszentren noch mehr mit Ladepunkten auszu-bauen, denn einmal eingekauft, reicht dann oft wieder, das Auto für die ganze Woche mit Energie zu versorgen. Es ist ein Konzept, das nicht nur praktisch, sondern auch im Einklang mit unserem täglichen Leben steht. Die Elektromobilität integriert sich in unsere Routinen und bietet gleichzeitig die Chance, umweltbewusster zu handeln.

Es ist also nicht so, dass Elektroautos per se lange Ladezeiten haben und das es zu wenig Lademöglichkeiten gibt. Es hängt von der Technologie des Autos und der verfügbaren Infrastruktur ab. Und genau hier liegt die Verantwortung beim Käufer, sich zu informieren und das passende Modell für die eigenen Bedürfnisse zu wählen.

Jetzt denken wir einen Moment darüber nach: Wie oft tanken wir unser Auto mit Verbrennungsmotor?

Und wie oft stehen wir an der Tankstelle und warten, bis der Tank voll ist? Bei einem Elektroauto kann man während des Ladens einkaufen gehen, essen oder einfach zu Hause entspannen. Ist das nicht auch eine Form von Freiheit?

Also nochmal: In Deutschland gibt es mittlerweile eine beeindruckende Anzahl an öffentlichen Ladepunkten für Elektrofahrzeuge. Das renommierte Ladesäulenverzeichnis GoingElectric listet derzeit, also August 2023, mehr als 108.000 Ladepunkte im Land. Der ADAC berichtet von nahezu 100.000 Ladepunkten in Deutschland und spricht von einem flächendeckenden Ladenetzwerk. Ihr seht schon, je länger ich dieses Kapitel schreibe, desto mehr Ladepunkte gibt es. Die Entwicklung geht rasch voran.

Obwohl Deutschland bereits über viele Ladepunkte verfügt, kann es in bestimmten Regionen oder zu Stoßzeiten immer noch zu Engpässen kommen. Dennoch wird mit Hochdruck an einem flächendeckenden und zuverlässigen Ladenetz gearbeitet, um die Elektromobilität weiter zu fördern. Insgesamt kann man sagen, dass es bereits eine Vielzahl von Lademöglichkeiten in Deutschland gibt, und mit dem zunehmenden Anstieg der Elektroautos wird auch die Anzahl der Ladepunkte weiter steigen. Es besteht also keine Notwendigkeit, sich Sorgen zu machen. Dennoch ist noch viel Arbeit vor uns, um die Ladeinfrastruktur weiter zu verbessern.

5.6 Mythos 6: Batterien haben eine kurze Lebensdauer

Dieser Glaube ist weit verbreitet, aber ist er wirklich wahr? Lass uns die Fakten betrachten.

Heute gibt es viele Elektroautos, die mehr als 500.000 Kilometer mit derselben Batterie gefahren sind. Einige haben sogar die beeindruckende Marke von einer Million Kilometern überschritten. Wie ist das möglich? Die Antwort liegt in der ständigen Weiterentwicklung der Batterietechnologie.

Moderne Lithium-Ionen-Batterien, die in den meisten Elektroautos verwendet werden, sind nicht nur für eine lange Lebensdauer konzipiert, sondern auch für eine hohe Leistungsfähigkeit. Die Hersteller haben erkannt, dass die Lebensdauer der Batterie ein Schlüsselfaktor für die Akzeptanz von Elektroautos ist, und haben erhebliche Anstrengungen unternommen, um die Technologie zu verbessern.

Aber was passiert, wenn die Batterie eines Elektroautos an Kapazität verliert? Ist sie dann nutzlos? Keineswegs! Bevor wir über das Recyclinsprechen, gibt es das sogenannte »Second Life« der Batterien. Sie können als Energiespeicher in Photovoltaikanlagen oder anderen Anwendungen weiterverwendet werden. Das verlängert die Lebensdauer der Batterie erheblich und trägt zur Nachhaltigkeit bei.

Hier ein Beispiel: In der Fußball-Arena in Amsterdam, einem der beeindruckendsten gewerblichen Gebäude Europas, findet sich das größte Energiespeichersystem des Kontinents. Stellt euch das mal vor: Batteriezellen mit einer Gesamtkapazität von 2,8 MWh sind dort verbaut. Um das mal in Alltagssprache zu übersetzen: Das entspricht der Batteriekapazität von 148 Nissan Leaf Elektroautos!

Aber woher kommt all diese Energie? Nun, das Dach der Arena ist mit 4.200 Solarmodulen bestückt. Diese kleinen Kraftwerke erzeugen die Energie, die dann in einem Pufferspeicher landet. Und dieser Speicher besteht aus einer Kombination von gebrauchten und neuen Elektroauto-Batterien. Das irisch-amerikanische Unternehmen Eaton hat die dafür notwendigen Leistungswandler geliefert.

Fußball-Arena in Amsterdam   Batteriezellen mit einer Gesamtkapazität von 2,8 MWh sind dort verbaut.. Foto: Alf van Beem.

Henk van Raan, der Direktor für Innovation bei der Johan-Cruijff-Arena, bringt es auf den Punkt: »Dank dieses Energiespeichersystems kann das Stadion seine selbst erzeugte, nachhaltige Energie nicht nur effizient nutzen, sondern auch dem Stromnetz als Puffer zur Verfügung stellen.«

Sogar bei einem Stromausfall wäre die Arena abgesichert. Das trägt nicht nur zur Stabilität des niederländischen Stromnetzes bei, sondern zeigt auch, was möglich ist, wenn man innovative Ideen in die Tat umsetzt. So schreibt es electrive.net. Das Projekt wurde übrigens bereits 2016 von

Nissan, Eaton und The Mobility House ins Leben gerufen. Ein echtes Vorzeigeprojekt, oder?

Und wenn die Batterie schließlich das Ende ihres Lebenszyklus erreicht hat, kann sie recycelt werden. Die wertvollen Materialien können zurückgewonnen und in neuen Batterien verwendet werden. Das ist ein wichtiger Schritt in Richtung einer Kreislaufwirtschaft, in der Ressourcen effizient genutzt werden.

Die Mythen um die kurze Lebensdauer von Batterien sind also genau das – Mythen. Sie basieren auf veralteten Informationen und spiegeln nicht die Realität der heutigen Technologie wider.
Die Wahrheit ist, dass Batterien heute langlebig, leistungsfähig und nachhaltig sind. Sie sind ein Schlüssel zu einer grüneren Zukunft, in der Elektroautos eine wichtige Rolle spielen.

Also, das nächste Mal, wenn jemand behauptet, dass Batterien eine kurze Lebensdauer haben, kannst du mit Fakten und Verständnis antworten. Die Zeiten haben sich geändert, und das ist eine gute Nachricht für uns alle.

Und noch was: Nur weil es in den Prospekten steht – dass die Herstellergarantie auf den Akku von Elektroautos bei 8 Jahren oder 160.000 km liegt, oder vielleicht bei 100.000 km oder 10 Jahren – heißt das ja nicht, dass er dann kaputt ist.

Denk einen Moment darüber nach: Wie lange ist die Gewährleistung bei einem Verbrennungsmotor? Und wie viele Inspektionen und Verschleißteile kommen im Laufe der Jahre zusammen? Ein Verbrennungsmotor ist ein komplexes Gebilde mit vielen beweglichen Teilen, die sich abnutzen und ersetzt werden müssen.

Ein Elektroauto hingegen ist in vielerlei Hinsicht einfacher konstruiert. Der Akku mag das Herzstück sein, aber er ist robust und langlebig. Die Garantie ist eine Versicherung des Herstellers, keine Aussage über die tatsächliche Lebensdauer.

5.7 Mythos 7: Elektroautos können nicht recycelt werden

Nun, lasst uns einen Moment innehalten und die Fakten betrachten.

Grundsätzlich bestehen beide Autotypen, sowohl die Elektroautos als auch jene mit Verbrennungsmotoren, aus denselben Zutaten. Sie unterscheiden sich hauptsächlich durch ihren Motor und den zugegebenermaßen großen Akku. Schauen wir uns die Einzelteile also mal genauer an. Und dieser kann zu 95 % recycelt werden.

Verbrennungsmotoren: Ein komplexes Gebilde aus rund 1400 Teilen, das regelmäßige Wartung und teure Reparaturen erfordert. Dazu gehören auch seltene Erden. Ja, auch in Verbrennungsmotoren werden seltene Erden verwendet. Zum Beispiel werden sie in Zündkerzen, Katalysatoren und Autoscheiben verbaut. In Katalysatoren zur Abgasreinigung finden sich Edelmetalle wie Platin und Rhodium, aber auch seltene Erden wie Cer, Lanthan und Yttrium. Es ist tatsächlich so, dass der Rohstoffverbrauch von Verbrennungsmotoren im Vergleich zu Elektroautos insgesamt höher ist.

Die Ölförderung, die diese Maschinen antreibt, vergiftet täglich Unmengen an Wasser und verschwendet wertvolle Ressourcen. Die Abgase enthalten krebserregende Stoffe, und der Betrieb erzeugt giftige Abriebe. Die Effizienz? Oft nur 15-20 %. Der Reifenabrieb? Ein ernstes Problem, das Mikroplastik in unsere Gewässer spült. Die Lebensdauer? Etwa 200.000 bis 300.000 km. Und die CO_2-Bilanz? Schwer zu tragen, mit rund 56 Tonnen über das Autoleben.

Elektroautos: Ein schlankes Design mit nur etwa 210 Teilen, wartungsarm und kosteneffizient. Der Abbau von Lithium und Kobalt ist nicht ohne Probleme, aber die Industrie macht Fortschritte in Richtung Nachhaltigkeit. Kaum seltenen Erden (manchmal gar keine), keine Abgase, und eine Effizienz von etwa 80 %. Der Reifenabrieb? Genauso ein Problem wie bei Verbrennungsmotoren, und eines, das die Industrie noch lösen muss. Die Reichweite? Nur etwa 20 % weniger im Winter.

Die Lebensdauer des Akkus? Mindestens 300-500.000 km. Oft auch mehr. Danach ist der Akku nicht kaputt. Er wird zum »Second Life«

Speicher. Also Speicher wie in dem vorhin erwähnten Fußballstadion in Amsterdam. Das Recycling? Beeindruckende 96 %. Ja, richtig gelesen. Der Akku kann nahezu vollständig wieder recycelt werden. Es wäre auch sehr schade, wenn die Rohstoffe danach wertlos wären. Damit können also wieder neue Akkus gebaut werden und es muss kein neuer Rohstoff aus der Umwelt genommen werden.

Doch wie geht das?

Pyrometallurgisches Verfahren: Hierbei werden die Akkus bei hohen Temperaturen eingeschmolzen. Dabei können Metalle wie Kobalt, Nickel und Kupfer zurückgewonnen werden. Allerdings gehen dabei andere wertvolle Materialien, insbesondere Lithium, verloren.

Hydrometallurgisches Verfahren: Dieses Verfahren verwendet chemische Lösungen, um Metalle aus den Akkus zu extrahieren. Es ermöglicht die Rückgewinnung einer größeren Bandbreite von Materialien, einschließlich Lithium.

Unter der Motorhaube eines Elektroautos sehen wir keine öligen Hinterlassenschaften.

Direktes Recycling: Hierbei werden die einzelnen Komponenten des Akkus mechanisch zerlegt und direkt wiederverwendet. Dieses Verfahren ist besonders umweltfreundlich, da es weniger Energie verbraucht und weniger Abfall produziert.

Das Elektroauto unterscheidet sich in diesem Punkt deutlich vom Verbrennungsmotor. Bei Letzterem wird der Rohstoff Erdöl, der nach aufwendigen Transportwegen und energieintensiven Prozessen zu Diesel oder Benzin verarbeitet wurde, schlichtweg verbrannt. Somit ist er unwiederbringlich verloren. Dabei ist Rohöl in unserer modernen Welt ein unschätzbar wertvoller Rohstoff. Es ist erstaunlich, dass diese Verschwendung kaum jemanden zu stören scheint. Es gibt einen großen Aufschrei über seltene Erden in Bezug auf Elektroautos, obwohl diese in vielen modernen Elektroautos weniger oder gar nicht mehr verwendet werden als in Verbrennungsmotoren. Dieser Aufschrei wird oft von Lobbyisten laut, die die Elektromobilität in ein schlechtes Licht rücken wollen. Das Ironische daran ist, dass »seltene Erden« eigentlich gar nicht so selten sind.

Und die CO_2-Bilanz beim Elektroauto? Deutlich geringer, besonders wenn der Strom selbst hergestellt wird.

Unterscheiden sich Elektroautos im Verrottungsprozess von herkömmlichen Verbrennungsmotorfahrzeugen?

Die Elektromobilität ist nicht die perfekte Lösung, aber sie ist ein Schritt in die richtige Richtung. Ein Schritt weg von der Verschwendung und Verschmutzung, hin zu einer saubereren, gesünderen und gerechteren Welt. Es ist an der Zeit, dass wir die Mythen hinter uns lassen und den Blick auf die Fakten richten.

Das Recycling von Akkus aus Elektroautos ist sowohl aus ökologischer als auch aus wirtschaftlicher Sicht von großer Bedeutung. Es hilft, wertvolle Ressourcen zu schonen, die Umweltauswirkungen zu reduzieren und die Kreislaufwirtschaft zu fördern. Es ist wichtig, in Forschung und Entwicklung zu investieren, um die Recyclingprozesse weiter zu verbessern und den Herausforderungen der Zukunft gerecht zu werden.

5.8 Mythos 8: CO_2 ist gut und wichtig für Pflanzen

Hast du schon einmal gehört, dass CO_2 gut für Pflanzen ist? Nun, das stimmt tatsächlich! Pflanzen nutzen CO_2 in einem Prozess namens Photosynthese, um ihre Nahrung zu produzieren. Sie nehmen CO_2 aus der Luft auf, kombinieren es mit Sonnenlicht und verwandeln es in Glukose, ihre Energiequelle. Das klingt doch super, oder? Mehr CO_2, mehr Nahrung für Pflanzen, mehr grüne Wälder und Felder!

Aber warte mal! Bevor du jetzt denkst, dass wir einfach weiterhin fossile Brennstoffe verbrennen sollten, um den Pflanzen einen Gefallen zu tun, lass uns einen genaueren Blick darauf werfen.

Wenn wir Diesel verbrennen, verbraucht ein Liter Diesel etwa 1,9 Kilo Sauerstoff. Das ist eine Menge! Der dabei entstehende CO_2-Ausstoß würde, selbst wenn er wirklich nützlich für Pflanzen wäre, nur den verlorenen Sauerstoffanteil ausgleichen.

Es gibt also keinen wirklichen Mehrwert. Und wenn man bedenkt, dass die meisten Autos mit fossilen Brennstoffen betrieben werden, entziehen wir unserer lebenswichtigen Atmosphäre mehr als die doppelte Menge an Sauerstoff. Das ist nicht nur ein bisschen, das ist eine ganze Menge! Und während der CO_2-Ausstoß, der dabei entsteht, oft im Mittelpunkt der Diskussion steht, wird der immense Sauerstoffverbrauch oft übersehen.

Warum ist das so? Vielleicht, weil CO_2 und seine Rolle beim Treibhauseffekt leichter zu visualisieren und zu verstehen sind. Oder vielleicht, weil der Sauerstoffverbrauch nicht so direkt mit den sichtbaren Auswirkungen des Klimawandels in Verbindung gebracht wird. Aber die Tatsache bleibt: Wir »verbrennen« mehr als das Doppelte an lebenswichtigem Sauerstoff, als wir an CO_2 ausstoßen.

Zudem gibt es einen Punkt, an dem zu viel CO_2 für Pflanzen schädlich wird. Zu viel CO_2 kann die Nährstoffaufnahme von Pflanzen beeinträchtigen und sie anfälliger für Krankheiten machen. Außerdem führt ein Übermaß an CO_2 in der Atmosphäre zu globaler Erwärmung, was wiederum zu extremen Wetterereignissen und anderen Umweltauswirkungen führt, die für Pflanzen schädlich sind.

Also, während CO_2 in Maßen tatsächlich gut für Pflanzen ist, ist zu viel davon definitiv nicht gut für sie – oder für uns. Es ist also kein Argument, weiterhin fossile Brennstoffe oder E-Fuels zu verbrennen.

Das nächste Mal, wenn jemand behauptet, CO_2 sei gut für Pflanzen, könntest du ihm diese kleine Tatsache mitteilen. Ja, Pflanzen brauchen CO_2 für die Photosynthese, aber sie brauchen auch Sauerstoff – und wir auch! Es ist also höchste Zeit, dass wir nicht nur über CO_2, sondern auch über den Sauerstoff sprechen, den wir mit jedem Liter verbranntem Diesel oder Benzin verlieren. Es ist ein weiterer Grund, warum der Übergang zu saubereren Energiequellen so dringend notwendig ist.

Fakt ist: Der CO_2-Gehalt unserer Erde hat sich im Vergleich zu den letzten Jahrtausenden stark erhöht.

5.9 Mythos 9: Elektroautos sind zu teuer

Es ist ein weit verbreitetes Vorurteil: Elektroautos sind teurer als ihre brummenden, fossilen Geschwister. Aber schauen wir auch hier genauer hin! Ja, beim ersten Blick in den Autokatalog mag der Einstiegspreis eines Elektroautos höher sein. Aber wer hat gesagt, dass der erste Blick alles ist?

Staatliche Förderungen und Steuererleichterungen haben den Preisunterschied schon deutlich reduziert. Und ja, ein Großteil der Förderung wird ab 2024 wegfallen. Aber es gibt noch andere finanzielle Vorteile, die oft übersehen werden.

Schon mal was von TCO gehört? Nein, das ist kein neuer Dance-Move. TCO steht für »Total Cost of Ownership« und zeigt, dass Elektroautos oft die wahren Kostensieger sind. Warum? Nun, Strom ist oft nur halb so teuer wie Benzin oder Diesel. Und wenn du deinen eigenen Strom produzierst, wird die Rechnung noch rosiger.

Dann gibt's da noch die Wartung. Während dein Benziner alle paar Monate nach einem Ölwechsel schreit, chillt dein Elektroauto und denkt: »Ölwechsel? Was ist das?« Und dann gibt es noch die THG-Quote. Ja, du kannst tatsächlich Geld verdienen, indem du Emissionszertifikate verkaufst. Klingt verrückt, ist aber wahr!

Aber warte, es wird noch besser! Eine Untersuchung hat gezeigt, dass Elektroautos oft eine bessere Versicherungstypklasse haben als ihre verbrennenden Kollegen. Das bedeutet: weniger Schäden und günstigere Versicherungsprämien.

Also, rechnen wir mal zusammen: Ersparnisse beim Treibstoff, weniger Wartungskosten, Einnahmen durch Emissionszertifikate und günstigere Versicherungen. Das klingt doch nach einem ziemlich guten Deal, oder?

Aber lass uns das Ganze mal in einem knackigen Beispiel zusammenfassen:

Nehmen wir an, du fährst jährlich rund 10.000 km mit deinem Auto. Bei einer Nutzungsdauer von 10 Jahren könntest du allein durch den günstigeren Strom im Vergleich zu Benzin oder Diesel mehr als 5.000 Euro sparen. Und das ohne eigene Photovoltaik Anlage. Hinzu kommt die ersparte Kfz-Steuer, die über 10 Jahre mindestens 1.000 Euro ausmacht - bei einem vorherigen Diesel sogar bis zu 3.000 Euro. Das summiert sich bereits auf 8.000 Euro Ersparnis.

Dann denken wir an die Wartungskosten. Ohne die regelmäßigen Inspektionen, Ölwechsel und den Austausch von Luftfiltern könntest du in 10 Jahren locker weitere 5.000 Euro sparen.

Rechnet man alles zusammen, ergibt das eine beeindruckende Ersparnis von 13.000 Euro über 10 Jahre, und das ohne jegliche staatliche Förderung.

Das zeigt deutlich: Auch wenn die Anschaffungskosten eines Elektroautos momentan noch etwas höher sein mögen, zahlt es sich auf lange Sicht definitiv aus!

Und im Preis für Neuwagen wird sich auch noch einiges tun. »Bloomberg New Energy Finance« (BNEF), ein renommiertes Forschungsunternehmen, das sich auf die Analyse von Energietrends spezialisiert hat, veröffentlichte 2021 eine aufschlussreiche Studie. Ihr Ergebnis: Elektro-Limousinen und SUVs könnten bereits 2026 in der Herstellung genauso kostengünstig sein wie ihre benzinbetriebenen Gegenstücke. Und die kompakten Kleinwagen? Die werden voraussichtlich nur ein Jahr später, also 2027, nachziehen.

Der entscheidende Faktor für diesen Preisrückgang sind die stetig sinkenden Batteriekosten und spezialisierte Produktionslinien für Elektroautos. Und das Beste daran: Diese Entwicklung wird ohne staatliche Subventionen erwartet.

Übrigens, für alle Sparfüchse und Vintage-Liebhaber, die nicht unbedingt das neueste Elektro-Schmuckstück aus dem Autohaus brauchen: Der Gebrauchtwagenmarkt für E-Autos in Deutschland, Stand 2023, ist noch in den Kinderschuhen. Ein gebrauchtes Elektroauto schlägt im Schnitt mit 43.000 Euro zu Buche. Zum Vergleich: Die Preise für gebrauchte Diesel- und Benzinfahrzeuge sind da noch etwas bodenständiger. Aber wie bei allem im Leben, wird sich auch hier das Blatt mit der Zeit wenden. Also, Augen auf und abwarten!

Fazit: Ja, Elektroautos können bei der Erstanschaffung teurer sein. Doch mit sinkenden Produktionskosten wird dieser Unterschied immer kleiner. Und wenn man die niedrigen Haltungskosten und den günstigeren Fahrpreis berücksichtigt, sieht die Rechnung schon ganz anders aus. Der Gebrauchtwagenmarkt? Noch jung, aber mit Potenzial. Elektromobilität ist nicht nur eine Frage der Umwelt, sondern langfristig auch des Geldbeutels!

Elektroautos werden in der Regel günstiger, je mehr gebrauchte Modelle auf dem Markt sind und je weiter die Technologie entwickelt wird. Dies führt dazu, dass sowohl neue als auch gebrauchte Elektroautos erschwinglicher werden, was letztendlich mehr Menschen den Umstieg auf emissionsfreie Mobilität ermöglicht.

5.10 Mythos 10: Netzbetreiber können Wallbo-
xen abschalten

Das Thema geisterte bereits 2022 herum und diente dazu, die Elektro-mobilitätsrevolution in ein schlechtes Licht zu rücken. Aber lasst uns das Ganze einmal genauer anschauen. Denn die Realität ist natürlich nicht so dramatisch, wie es auf den ersten Blick scheint.

Um überhaupt in der Lage zu sein, etwas abzuschalten, bedarf es zunächst einiger Voraussetzungen. In den Haushalten müssen intelligente iMsys Stromzähler installiert sein, die in Echtzeit den Stromverbrauch erfassen und diese Informationen an die Stromlieferanten weiterleiten. Doch in den meisten Haushalten ist solch ein Zähler nicht verbaut. Zusätzlich dazu benötigt es eine weitere Hardware-Komponente, die dafür sorgt, dass auch wirklich etwas aus der Ferne abgeschaltet werden kann. Der iMsys allein kann das nicht.

Die Idee dahinter ist keineswegs, Elektroautos willkürlich stillzulegen. Vielmehr geht es darum, sicherzustellen, dass das Stromnetz nicht über-lastet wird. Normale Haushalte in Deutschland sind auf eine durchschnitt-liche Leistung von etwa 10 bis 15 kW ausgelegt. Wenn beispielsweise eine Wallbox alleine bereits 11 kW benötigt, bleibt wenig Spielraum für andere Geräte wie Geschirrspüler, Herd oder Waschmaschine.

Die Kontrolle über die Energieverteilung ist also sinnvoll, um eine Über-lastung des Stromnetzes zu vermeiden. Die gute Nachricht ist jedoch, dass niemand Wallboxen abschalten wird, nur weil du ein Elektroauto fährst.

Aber wie würde so ein Szenario aussehen: Viele laden ihre Elektroflitzer zu Hause in der Garage. Hierbei kommen spezielle Wallboxen mit unter-schiedlichen Ladeleistungen zum Einsatz, von 3,4 kW, 11kW bis hin zu 22 kW. Doch der begrenzende Faktor ist nicht nur das Hausnetz, also wie erwähnt die 10 − 15 kW, sondern auch das integrierte Ladegerät des Autos. Oft kann die volle Leistung der Wallbox gar nicht ausgenutzt werden. Hinzu kommt, nicht alle Elektroautobesitzer werden gleichzeitig zu Hause ihr Auto aufladen. Viele laden ihre Elektrofahrzeuge nur einmal pro Woche oder zu unterschiedlichen Tageszeiten auf. Daher ist eine Abschaltung aufgrund von Überlastung eher unwahrscheinlich.

Wenn wir uns jetzt vorstellen, dass wir auf 3,7 kW beschränkt wären, dann wäre das Ladetempo eher gemächlich. Ein kleiner Elektrowagen mit einem 30 bis 40 kWh Akku bräuchte etwa 10 Stunden, um vollständig aufzuladen. Ein großes Elektro-SUV könnte doppelt so lange an der Leitung hängen - vorausgesetzt, die Ladezeitbeschränkungen gelten so lange.

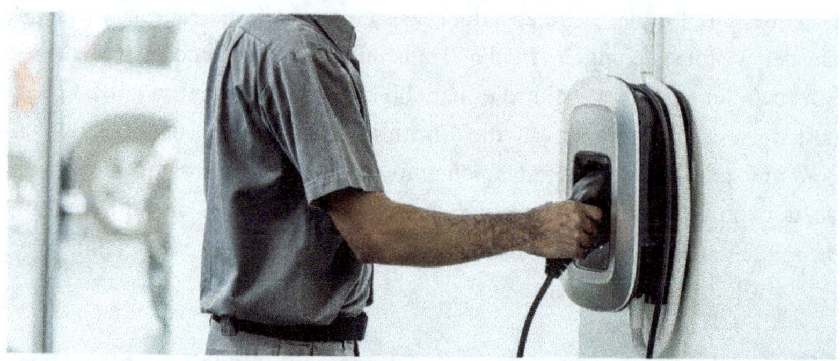

Aber hier kommt die gute Nachricht: Die meisten von uns laden ihre Autos über Nacht, wenn sie sowieso acht Stunden oder mehr ungenutzt in der Garage stehen. Und der Akku ist zu Beginn der Ladung oft nicht komplett leer.

Die geplanten Ladebeschränkungen sollen den Netzbetreibern die Möglichkeit geben, die Ladegeschwindigkeit je nach Bedarf zu drosseln. Die Drosselung könnte also nur für einige Stunden und nicht die gesamte Ladezeit gelten. Dennoch behalten die Netzverantwortlichen die Kontrolle und können die Ladezeiten bei Bedarf einschränken.

Keine Sorge, liebe Elektrofahrerinnen und -fahrer, öffentliche Schnell-Ladesäulen sollen von diesen Beschränkungen nicht betroffen sein. Wer immer genügend Batteriereserve hat, um zur nächsten Schnell-Ladesäule zu fahren, kann also auch ungeplante längere Fahrten durchführen. Der Haken dabei: Schnell-Laden ist erheblich teurer als das Laden in der eigenen Garage.

Da immer mehr von uns immer mehr elektrische Verbraucher zu Hause haben, darunter nicht nur Waschmaschinen, Geschirrspüler, Fernseher, Computer und vieles mehr, sondern auch Elektroautos und vermehrt Wärmepumpen, ist es wichtig, das elektrische Netz zu kontrollieren und sicherzustellen, dass das Netz nicht überlastet wird und immer ausreichend Energie zur Verfügung steht. Denn die Leitungen selbst speichern keine Energie. Stellt euch das so vor: Ein Generator produziert Strom, der in ein Netz eingespeist wird. Wenn im Netz kein Verbrauch vorhanden ist, der die erzeugte Energie nutzt, wird die gesamte Energie umsonst produziert, da sie im Netz nicht gespeichert wird.

Andererseits kann es auch vorkommen, dass es zu viele Verbraucher gibt und mehr Strom produziert werden muss. In solchen Fällen könnte es vorübergehende Drosselungen geben, um die Nachfrage zu kontrollieren. Dies ist jedoch eher unwahrscheinlich, da diese Möglichkeit bisher nur selten installiert wurde, insbesondere nicht in Privathaushalten.

Es ist also sinnvoll, dieses Netz intelligenter zu gestalten. Wenn ihr eine PV-Anlage und sogar einen Speicher habt, müsst ihr euch keine Sorgen um eine Drosselung machen. Euer Haus wird zu einem kleinen eigenen Energiekosmos, der sich in Zeiten der Überlastung selbst versorgt. In diesem Fall kann euch kein Betreiber etwas abschalten.

Versteht mich nicht falsch, liebe Leute, ich habe auch von diesen Behauptungen gehört, dass intelligente Stromzähler, die sogenannten iMSys-Zähler, die Fähigkeit haben, unseren Stromfluss zu drosseln. Einige Medien, darunter sogar renommierte Publikationen wie die BILD, haben dies so dargestellt. Aber lassen wir uns nicht von der Oberfläche täuschen.

Die Wahrheit ist, ein iMSys-Zähler ist im Grunde ein schlaues Messgerät. Er wurde entwickelt, um unseren Stromverbrauch zu erfassen und diese Informationen an unseren Netzbetreiber zu senden. Er ist nicht das, was wir als »Schalter« bezeichnen könnten. Um tatsächlich den Stromfluss zu steuern, brauchen wir zusätzliche, ausgeklügelte Hardware-Komponenten und intelligente Steuersysteme. Und die müsste zusätzlich in euer Haus gebaut werden. Das bekommt ihr sicher mit. Das bedeutet, dass die Vorstellung, dein Elektroauto würde einfach während des Ladevorgangs

abgeschaltet, aufgrund eines intelligenten Zählers, und dein Auto wäre
am nächsten Morgen nicht geladen, schlichtweg nicht der Realität entspricht. Keine Sorge, das wird so nicht passieren.

6. Woher kommen die Mythen-Macher?

Ah, die Elektromobilität! Ein Thema, das so polarisiert wie Ananas auf Pizza. Während die einen die saubere, leise und futuristische Fortbewegung feiern, schwören die anderen auf das gute alte Röhren des Verbrennungsmotors. Und dann gibt es da noch die Mythen-Macher. Diese charmanten Persönlichkeiten, die bei jeder Gelegenheit bereit sind, uns mit »alternativen Fakten« zu versorgen.

»Elektroautos? Die explodieren doch bei der kleinsten Berührung!« oder »Wusstest du, dass Elektroautos von Aliens gesteuert werden?« Okay, das letzte habe ich mir gerade ausgedacht, aber du verstehst, worauf ich hinauswill.

Woher kommen diese Geschichten? Wer hat ein Interesse daran, solche Märchen in die Welt zu setzen? Und warum sind manche davon so hartnäckig wie Kaugummi am Schuh?

In diesem Kapitel gehen wir auf Spurensuche. Wir tauchen ein in die schillernde Welt der Mythen rund um die Elektromobilität und versuchen herauszufinden, wer hinter den Kulissen die Fäden zieht. Also, schnapp dir deine Detektivlupe und deinen Sinn für Humor – es wird kurios, überraschend und vor allem unterhaltsam!

Lass uns mal mit einem Beispiel starten, das auf den ersten Blick nichts mit Elektroautos zu tun hat. Aber im Kern geht's um das Gleiche. Manchmal sind es gerade die »Experten« oder diejenigen, die jahrelang in einem Fachgebiet studiert haben, die einem Irrtum erliegen. Jetzt mal Hand aufs Herz: Wer von uns hat nicht schon mal einen Denkfehler gemacht oder etwas falsch in Erinnerung gehabt? Ich erinnere mich da an einen Professor, einen echten Wissenschaftler. Ich will jetzt keine Namen nennen, aber ich wette, die meisten von euch haben schon von seiner Aussage gehört.

Er behauptete, der Coronavirus, der gerade mal einen Durchmesser von 60 bis 140 Nanometern hat, würde sich durch die FFP2-Maske schlängeln, weil deren Poren ja etwa 300 nm groß sind. Klingt erstmal logisch, oder? Aber Moment mal! Haben wir nicht immer wieder gehört, dass diese Aerosole das Problem sind? Genau. Das heißt also, der Coronavirus wird meistens von unseren Mitmenschen in Form von Aerosolen in die Luft gehustet oder geniest. In dieser »Aerosol-Verpackung« macht sich der Virus dann auf seinen Weg durch die Luft. Und diese feuchten Tröpfchen, in denen er sich versteckt, die sind definitiv groß genug, um von einer FFP2-Maske gestoppt zu werden.

Das zeigt uns mal wieder, dass selbst ein Professor, der sich mit Viren auskennt, manchmal danebenliegen kann. Und wenn so eine Info erstmal raus ist, verbreitet sie sich rasend schnell. Ein echtes Lauffeuer. Und genau so ist es oft auch bei Elektroautos. Es gibt so viele Halbwahrheiten und Mythen, die von »Experten« in die Welt gesetzt werden. Da sollten wir immer ein kritisches Auge behalten!

Also, oft sind es tatsächlich Menschen, die sich mit dem Stoff auskennen müssten.

Lass uns mal über die Medien sprechen. Ja, genau, diejenigen, die uns täglich mit Nachrichten versorgen. Manchmal scheint es, als würden sie eher für den Skandal als für die Wahrheit schreiben. Warum? Nun, eine explosive Schlagzeile verkauft sich eben besser. Clickbait, wie man so schön sagt. Und manchmal wird ein Artikel so oft überarbeitet, dass der ursprüngliche Autor ihn kaum wiedererkennt.

Ein heißes Thema, das immer wieder für Schlagzeilen sorgt? Elektroautos. Aber nicht immer im positiven Sinne. Medien sind nicht unbedingt darauf aus, die Welt zu einem besseren Ort zu machen oder uns mit herzerwärmenden Geschichten zu erfreuen. Nein, sie müssen Klicks generieren, vor allem die privaten Medien. Die öffentlich-rechtlichen sollten eigentlich unabhängiger sein, aber wie ich in diesem Buch zeige, ist das leider nicht immer der Fall.

Ein Beispiel? Auf dem Frachtschiff Fremantle Highway war am 26. Juli 2023 ein Feuer ausgebrochen. Ein Brand auf hoher See. In einer tragischen Wendung der Ereignisse musste die Besatzung das Schiff verlassen, und dabei verlor leider ein Crewmitglied sein Leben. Sie konnten den Brand nicht in Griff bekommen. Der Frachter, nun ohne Steuerung, trieb auf dem offenen Meer. Die Situation war alarmierend: Die Fremantle Highway hatte gerade Bremerhaven verlassen und war voll beladen mit genügend Schweröl für die Reise bis nach Singapur. Die unmittelbare Gefahr einer Ölpest im Wattenmeer stand bevor.

Das Handelsblatt berichtete am selben Tag, dem 26. Juli 2023, dass sich 4000 Fahrzeuge an Bord befanden, einschließlich 25 Elektroautos.
Die niederländische Küstenwache wurde zitiert, dass brennende Elektroautos an Bord die Löscharbeiten erschweren könnten. Keine offizielle Stelle hatte behauptet, dass tatsächlich ein Elektroauto den Brand verursacht oder sogar nur Feuer gefangen hatte. Es sollte hier nochmals betont werden, dass auch Tausende von Fahrzeugen mit Verbrennungsmotoren an Bord waren. Diese hatten Benzin in ihren Tanks und leicht entzündliches Kältemittel in ihren Klimaanlagen.

In den folgenden Tagen korrigierte die Tagesschau die Anzahl der Elektroautos an Bord nach oben: Statt der ursprünglich gemeldeten 25 waren es tatsächlich 498 Elektroautos. Diese aktualisierte Zahl wurde am 28. Juli 2023 veröffentlicht.

Die Bildzeitung nahm sich die Freiheit, 500 Elektroautos daraus zu machen und diese als Brandursache zu identifizieren. Und schwupps, wurde diese Behauptung zur unumstößlichen Wahrheit in den Medien. Alle zitierten die Bildzeitung als Quelle. Plötzlich waren die 500 »brennenden« Elektroautos die Schurken, die das Wattenmeer zerstören wollten. Und wer war schuld? Natürlich die Ökos und die Grünen! Was für ein dramatischer Plot-Twist!

Auf dem Schiff waren also 3783 Autos, darunter etwa 500 Elektroautos. Überall wurden Menschen interviewt, die Angst vor den »giftigen Dämpfen« der brennenden Elektroautos hatten. Das Internet war voll von Kommentaren über die »tickenden Zeitbomben«.

In der hitzigen Berichterstattung über den Brand des Frachtschiffs Fremantle Highway wurde ein entscheidendes Detail oft übersehen: Das wahre Desaster hätte erst begonnen, wenn das Schiff gesunken wäre. Die auslaufenden Ölmengen hätten das Potenzial gehabt, die Küstenregionen für Jahrzehnte zu verseuchen, mit verheerenden ökologischen und wirtschaftlichen Folgen.

Jetzt stell dir mal eine alternative Realität vor: Das Schiff wäre mit Wasserstoff angetrieben worden. In diesem Szenario wäre der Vorfall, so tragisch er auch gewesen wäre, »nur« ein erheblicher materieller Verlust gewesen, ohne die drohende Umweltkatastrophe.

Zum Glück nahm die Geschichte eine positive Wendung: Das Feuer auf dem Fremantle Highway wurde gelöscht, beziehungsweise ging es aus, und das Schiff konnte sicher in einen Hafen gebracht werden. Und was entdeckte man bei der Inspektion? Mehrere Decks des Schiffs waren voller unversehrter Autos, und ja, darunter waren auch alle 500 Elektroautos. Doch diese erfreuliche Entdeckung schien für viele Medien plötzlich keine Schlagzeile mehr wert zu sein.

Im Gegenteil. Für Gründe, die sich dem klaren Verstand entziehen, bleiben diese 500 Elektroautos weiterhin im Rampenlicht. Experten äußern sogar Befürchtungen, dass diese Autos, die nie gebrannt haben, sich während der Bergungsarbeiten erneut entzünden könnten. »Das kann sehr gefährlich sein,« warnt die Tagesschau am 11. August 2023. Man möchte nicht, dass die Autos sich während des Transports wieder entzünden und »das ganze Drama von vorne losgeht.«

So bleibt die Geschichte der Fremantle Highway paradoxerweise als das Schiff in Erinnerung, auf dem Elektroautos brannten, obwohl tatsächlich kein einziges Elektroauto Feuer gefangen hat.

Und die Medien haben die öffentlichen Wahrnehmung erneut mit Vorurteil geprägt: Elektroautos seien brandgefährlich und könnten leicht in Flammen aufgehen.

Dabei zeigt gerade dieser Vorfall, dass das Gegenteil der Fall ist. Doch in einer Welt, in der Sensationen und Schlagzeilen dominieren, gehen solche differenzierten Informationen oft unter. Wer möchte schon hören, dass Elektroautos sicher sind, wenn es doch so viel spannender klingt, das Gegenteil zu behaupten?

Die Mythen rund um die Elektromobilität haben viele Verbreiter, und nicht alle sind sich dessen bewusst. Neben den bereits erwähnten Medien und »Experten« spielen auch Privatpersonen eine entscheidende Rolle in der Verbreitung dieser Mythen, insbesondere in den sozialen Medien.

Es ist ein Phänomen unserer Zeit: Jeder hat eine Plattform und kann seine Meinung, sei sie fundiert oder nicht, mit der Welt teilen. Und genau hier liegt das Problem. Viele Menschen teilen Beiträge, ohne sie wirklich zu hinterfragen, weil sie in ihre eigene Weltsicht passen. Es ist die menschliche Natur, Bestätigung für die eigenen Ansichten zu suchen und sich gegen Veränderungen zu sträuben.

Warum? Veränderungen können Angst machen. Sie können das Gefühl vermitteln, dass das, was man kennt und womit man sich wohlfühlt, bedroht ist. Und wenn man dann noch das Gefühl hat, man könne sich diese Veränderungen, wie zum Beispiel den Umstieg auf ein Elektroauto, finanziell nicht leisten, dann wird diese Abwehrhaltung noch verstärkt.

So werden aus gutmeinenden Privatpersonen, die eigentlich nur das Beste für sich und ihre Lieben wollen, unfreiwillige Helfer der eigentlichen Lobbyisten. Sie verbreiten Mythen und Halbwahrheiten, weil sie glauben, dass sie damit ihre eigene Welt schützen. Dabei übersehen sie oft, dass sie sich und anderen damit auf lange Sicht eher schaden. Es ist ein Teufelskreis aus Fehlinformationen, Ängsten und dem Wunsch nach Bestätigung, der nur schwer zu durchbrechen ist.

Hier Beispiele, wie sich Leute im Internet über Elektroautos äußern. Stellenweise ist hier eine Spaltung der Gesellschaft zu beobachten, ähnlich wie vor wenigen Jahren bei Corona. Bestimmte Personen sind so von dem »bösen« Elektroauto überzeugt, dass sie immer und immer wieder die Kommentarspalten füllen.

Den Urlaub hatte sich die Familie definitiv anders vorgestellt...

focus.de

Familie fährt im Elektroauto nach Frankreich: Ladechaos zerstört ihren Urlaub

1,4 Tsd.   435 Kommentare   147 Mal geteilt

Elke
Wer sich so einen Schrott kauft muss auch wissen was passieren kann. Habe kein Mitleid.

1 J.   Gefällt mir   Antworten   1

Gigi
Wer sowas kauft ist fertig mit der Welt. Zuviel Fernsehen geguckt und unrealistisch.

1 J.   Gefällt mir   Antworten   1

Lutz
Das ist genau der Grund, aus dem ich, als alter Frankreichfahrer, dorthin niemals mit einem Elektoauto in Urlaub fahren würde. Die heutigen E-Autos taugen allenfalls für den Stadtverkehr.

1 J.   Gefällt mir   Antworten

Rolf-Peter
Solang der Strom für E Autos aus dem Kohlekraftwerk kommt, ist ein E Auto ein Umweltverbrechen.
Bitte die ökologische Gesamtbilanz beachten.

1 J.   Gefällt mir   Antworten   1

Helene
sorry kein Mitleid, selber Schuld

1 J.   Gefällt mir   Antworten   2

Dieter
Wie fülle ich das Sommerloch? Na mit Beiträgen von 2020 ...

1 J.   Gefällt mir   Antworten   11

Viele Medien, wie hier exemplarisch der Focus, veröffentlichen immer wieder Berichte von Familien oder Paaren, die sich ein Elektroauto leihen, um damit in den Urlaub zu fahren. Stets wird es als Horrortrip dargestellt, und die Berichte suggerieren, wie untauglich solch ein Elektroauto sei. In diesem speziellen Bericht wurde ein Auto ausgewählt, das eine geringere Reichweite hat und nicht die Möglichkeit bietet, an einem Schnelllader zu laden. Ladestrom mit mehr als 11 kW kann der Kia E- Niro nicht aufnehmen. Natürlich dauert es dann stundenlang, bis man wieder ein paar hundert Kilometer fahren kann. Wie bei allen Dingen im Leben sollte man sich natürlich im Vorfeld über ein paar technische Details informieren. Aber seht auch hier die Kommentare.

In dieser Facebook-Gruppe geht es eigentlich um nachhaltige Themen wie Balkonkraftwerke. Doch auch in solchen Gruppen tauchen immer wieder Personen auf, die versuchen, Elektromobilität als unsinnig oder gefährlich darzustellen. Ein scheinbar witziges Bild eines Teslas, an den jede Menge Photovoltaik-Platten angebracht sind, suggeriert dem Betrachter, wie dumm der Fahrer sein muss. Dadurch erscheint für einige die Elektromobilität an sich als unsinnig. Andere springen darauf an und kommentieren in einer Art und Weise, die regelrechten Hass widerspiegelt. So fand einer es sogar lustig, ein Elektroauto zu sprengen. Es wäre das einzig Sinnvolle, was man damit tun könne.

Aus den Kommentarspalten in den sozialen Medien wird immer wieder deutlich, wie unklug es sei, sich »so einen Elektroschrott« zu kaufen. Welche Umweltsünde das doch wäre. Ein Argument, das ständig wiederholt wird, lautet: »Ich fahre mit meinem Diesel 1000 Kilometer am Stück und kann in 5 Minuten tanken.« Ja, diese 1000 Kilometer und die 5 Minuten sind Dauerbrenner in der Diskussion. Tatsächlich lässt sich das nicht leugnen. Solche Autos gibt es, und ja, der Diesel könnte das schaffen. Aber schafft der Mensch das auch? Wie oft seid ihr schon 1000 Kilometer am Stück gefahren, ohne eine Pause zu machen? Ist das gesund? Wird man da nicht müde?

Und womöglich bin ich ja anders veranlagt, aber ich habe schon alle paar hundert Kilometer das Bedürfnis, eine Toilette aufzusuchen. Vielleicht bin ich da ja eine Ausnahme. Spaß beiseite. Stell dir eine Familie vor: Mutter, Vater und zwei Kinder. Eisern halten sie durch, bis sie ihr Ziel in Antwerpen erreicht haben. Von München aus ein Katzensprung, gerade 880 km. Wer da auf die Toilette muss, ist doch ein Weichei.

Ich gebe zu, ich bin auch schon mehrere hundert Kilometer am Stück gefahren, was ich mit meinem jetzigen Elektroauto nicht schaffen würde. Aber ganz ehrlich, die 15-minütige Pause, die ich im Durchschnitt brauche, um wieder ein paar hundert Kilometer weiterzufahren, genieße ich. Denn meistens sind Schnellladestationen mit Cafés oder sogar Einkaufszentren verbunden.

Die berühmten 1.000 Kilometer!
Ein Argument, das oft in Diskussionen auftaucht.
Da frage ich mich, haben die eine Superblase?

Aber zurück zu den immer wiederkehrenden Aussagen über die 1000 Kilometer. Warum werden sie so oft wiederholt? Ein Grund dafür sind Bots. Ja, KI-Bots, die einen eigenen Facebook-Account haben und nichts anderes tun, als Leute zu triggern und falsche Aussagen in die Welt zu setzen. Diese Bots werden für viele Zwecke verwendet, und man muss wirklich darauf achten, nicht darauf hereinzufallen.

Der Hauptakteur hinter den Mythen und Fake News rund um Elektroautos ist – wenig überraschend – die traditionelle Automobil- und Ölindustrie. Warum? Ganz einfach: Veränderungen, insbesondere solche von großer Tragweite wie der Übergang zur Elektromobilität, bedrohen bestehende Geschäftsmodelle und Gewinnmargen.

Stell dir vor, du bist ein Gigant in der Ölindustrie. Jahrzehntelang hast du Milliarden verdient, indem du Rohöl gefördert, raffiniert und verkauft hast. Plötzlich kommt da diese neue Technologie daher, die Elektroautos, die keinen Tropfen deines wertvollen Öls benötigen. Das ist nicht nur eine Bedrohung für dein Geschäft, es könnte das Ende deiner Dominanz bedeuten.

Ähnlich sieht es in der traditionellen Automobilindustrie aus. Jahrelange Investitionen in Verbrennungsmotoren, Produktionsstätten, die auf diese Technologie ausgerichtet sind, und ein etabliertes Netzwerk von Zulieferern – all das steht auf dem Spiel.

Doch während diese Strategie, also falsche Infos zu verteilen, vielleicht kurzfristig Erfolg haben mag, ist sie langfristig zum Scheitern verurteilt. Denn der Wunsch nach sauberer, nachhaltiger Mobilität wächst weltweit.

Und während einige versuchen, die Uhr zurückzudrehen, arbeiten andere bereits an den Lösungen von morgen.

Was also tun? Anstatt sich dem Wandel zu stellen und in neue Technologien zu investieren, ist es für manche einfacher und kurzfristig profitabler, Zweifel zu säen und Mythen zu verbreiten. Durch gezielte Desinformationskampagnen und Lobbyarbeit wird versucht, den Fortschritt zu bremsen und die eigene Position zu schützen.

Es gibt Hoffnung: Der Kampf gegen Fake News und Mythen in der Elektromobilität

In einer Zeit, in der Mythen und Fehlinformationen über Elektroautos wie Pilze aus dem Boden schießen, gibt es dennoch einen Lichtblick am Horizont: Die aktive Bekämpfung von Fake News.

Die Europäische Union hat erkannt, wie gefährlich diese Desinformationswellen sein können, insbesondere wenn sie die öffentliche Meinung und politische Entscheidungen beeinflussen. Daher arbeitet sie eng mit Online-Plattformen zusammen, um gegen gefälschte Konten und Bots vorzugehen. Diese Bots führen automatisierte Aufgaben im Internet und in sozialen Medien aus und sind oft die Hauptverbreiter von Fehlinformationen.

Aber nicht nur die EU ist aktiv. Auch soziale Netzwerke wie YouTube, TikTok, Facebook und Twitter haben erkannt, welches Potenzial zur Irreführung sogenannte »Deep Fakes« haben. Das sind künstlich generierte Videos oder Bilder, die oft so echt aussehen, dass sie kaum von der Realität zu unterscheiden sind. Um dem entgegenzuwirken, haben diese Plattformen Deep Fakes verboten und spezielle Programme entwickelt, die solche Inhalte erkennen und entfernen.

Politikerinnen und Politiker spielen ebenfalls eine entscheidende Rolle. Du solltest ihre Aussagen stets auf ihre Realitätsnähe prüfen. Aussagen, die nicht offiziell bestätigt wurden oder von zweifelhaften Nachrichtenquellen stammen, sollten mit Vorsicht betrachtet und kritisch hinterfragt werden.

Auch Unternehmen können ihren Teil beitragen. Sie sind oft Ziel von Cyberbedrohungen und Fake News. Eine effektive Maßnahme ist die Schulung ihrer Mitarbeiterinnen und Mitarbeiter in der Erkennung von Fehlinformationen. Denn informierte Mitarbeiter sind die erste Verteidigungslinie gegen Desinformation.

Zum Abschluss eine kleine Erinnerung: In einer Welt, in der Informationen oft nur einen Klick entfernt sind, sollten wir nicht vergessen, alles zu hinterfragen. Nur weil etwas im Internet steht, bedeutet das nicht, dass es wahr ist. Bleibt kritisch und informiert euch aus verlässlichen Quellen. Es liegt an uns allen, den Kampf gegen Fake News zu gewinnen.

7. Wie ist das mit der CO_2 Bilanz eines Elektroautos?

Die Debatte um Elektroautos ist oft von Emotionen geprägt, und ein besonders hitzig diskutiertes Thema ist die CO_2-Bilanz. Kritiker behaupten, dass die Produktion von Elektroautos und ihrer Batterien so viel CO_2 verursacht, dass sie im Vergleich zu Verbrennungsmotoren keinen echten Vorteil bieten. Aber ist das wirklich der Fall?

Um diese Frage zu beantworten, müssen wir uns die gesamte Lebensdauer eines Autos ansehen, von der Herstellung über den Betrieb bis hin zur Entsorgung. Wir müssen die Emissionen betrachten, die bei der Produktion von Treibstoffen oder der Erzeugung von Strom entstehen, und wir müssen die Effizienz und die Lebensdauer der verschiedenen Motortypen berücksichtigen.

Es ist eine komplexe Rechnung, aber sie ist notwendig, wenn wir ein klares Bild davon bekommen wollen, wie Elektroautos und Verbrennungsmotoren im Hinblick auf ihren CO_2-Fußabdruck wirklich abschneiden. Lass uns die Fakten durchleuchten und die Mythen entlarven, um zu einem fundierten Urteil zu kommen.

Dazu gibt es bereits zahlreiche Studien.

Der ADAC hat sich in die Tiefen der CO_2-Bilanz verschiedener Antriebe begeben und kam zu einem erfreulichen Ergebnis: Elektroautos können in vielen Fällen als die grünen Helden der Straße betrachtet werden. Aber warte, es wird noch besser!

Eine umfangreiche deutsche Studie, die beeindruckende 790 verschiedene Fahrzeuge analysierte, kam zu einem klaren und unmissverständlichen Ergebnis: Elektroautos sind den diesel- und benzinbetriebenen PKWs in der CO_2-Lebensbilanz weit überlegen. Ja, du hast richtig gelesen: Elektroautos schneiden nicht nur besser ab, sie lassen die herkömmlichen Verbrenner weit hinter sich!

Das ist ein deutliches Statement für die Elektromobilität und ein weiterer Beweis dafür, dass der Weg in die Zukunft nicht über die altbekannten Pfade der Verbrennungsmotoren führt, sondern über die saubere, effiziente Straße der Elektroautos. Es ist ein Sieg für die Umwelt und für alle, die an eine nachhaltigere Zukunft glauben.

Und das ist noch nicht alles. Wenn Elektroautos mit dem sauberen, grünen Strom aus erneuerbaren Energien betrieben werden, dann wird die CO_2-Bilanz noch rosiger. Selbst die Hybridmodelle, die oft als Kompromisslösung gesehen werden, können ihre Bilanz stark verbessern, wenn sie sich dem erneuerbaren Trend anschließen.

Eine weitere Studie setzt dem Ganzen die Krone auf und zeigt, dass

Elektroautos im Vergleich zu ihren ratternden, rauchenden Verbrennerkollegen eine CO_2-Einsparung von bis zu atemberaubenden 89 % erreichen können.
Das klingt fast zu schön, um wahr zu sein, nicht wahr? Aber die Zahlen sprechen für sich. Die Elektromobilität ist nicht nur eine technologische Neuerung, sondern ein echter Schritt in Richtung einer saubereren, nachhaltigeren Zukunft.
Es ist, als hätte David gegen Goliath gewonnen, und dieses Mal ist David ein leises, effizientes Elektroauto.

Hier ein Rechenbeispiel, das uns die Sache näherbringt. Nehmen wir einen Mittelklasse-Elektrowagen, der samt Akku einen sogenannten CO_2-Rucksack von etwa 15 Tonnen mit sich bringt. Das klingt zunächst nach einer beachtlichen Menge, nicht wahr? Aber lass uns das Ganze ins rechte Licht rücken.

Dieser CO_2-Rucksack Beispielrechnung beinhaltet übrigens die gesamte Produktion des Fahrzeugs, einschließlich des Akkus. Wie diese 15

Tonnen genau zusammen kommen, erkläre ich am Ende des Kapitels. Oder springe kurz vor auf die Aufklärung dazu. Es wird dich überraschen.

Jetzt fahren wir mit diesem Auto, sagen wir, 150.000 Kilometer, also etwa 10 Jahre lang, und laden es dabei ausschließlich mit Strom aus erneuerbaren Energien. Der CO_2-Ausstoß während der Nutzung ist also minimal. Aber halt. Was meine ich, wenn ich sei minimal schreibe? Nehmen wir an, wir haben eine eigene Photovoltaik-Anlage und laden damit unser Auto. Da wäre der CO_2-Ausstoß rechnerisch bei etwa 50 Gramm pro Kilowattstunde. Unser Elektroauto benötigt etwa 18 kWh auf hundert Kilometer. Das sind dann bei den 150.000 Kilometern insgesamt 2.700 kWh.

Rechnen wir das mal aus: 2.700 kWh multipliziert mit 50 Gramm ergibt 135 Kilogramm CO_2. Ja, du hast richtig gelesen, nur 135 Kilogramm CO_2 für 150.000 Kilometer Fahrt mit einem Elektroauto, das mit Solarstrom geladen wird!

Wie setzt sich ein vergleichbares Auto mit Verbrennungsmotor zusammen?

Im Vergleich dazu hat ein herkömmlicher Verbrenner bei der Produktion einen CO_2-Rucksack von etwa 10 Tonnen. Doch dann kommt der Betrieb hinzu. Bei einem Verbrauch von 6 Litern auf 100 Kilometer und einem CO_2-Ausstoß von etwa 2,3 Kilogramm pro Liter Benzin summiert sich das auf weitere 20,7 Tonnen CO_2 für 150.000 Kilometer. Auch hier wären das etwa 10 Jahre Nutzung.

Setzen wir das ins Verhältnis zu unserem vorherigen Beispiel: 15 Tonnen plus 135 Kilogramm für das Elektroauto gegenüber 30,7 Tonnen für den Verbrenner. Das ist mehr als nur ein kleiner Unterschied, das ist ein Paradigmenwechsel!

Doch Stopp. Ich weiß schon, was ihr jetzt denkt.
Natürlich, nicht jeder hat die Möglichkeit, sein Elektroauto mit Solarstrom zu laden. Daher wollen wir auch den Fall betrachten, in dem das Auto mit dem durchschnittlichen Strommix geladen wird. Seit April 2023

liegt dieser Wert in Deutschland bei etwa 300 Gramm CO_2 pro Kilowattstunde. Wie wirkt sich das auf unsere Rechnung aus?

Nehmen wir wieder unser Elektroauto, das 18 kWh auf hundert Kilometer verbraucht, und rechnen wir das auf 150.000 Kilometer hoch: Wieder ergibt das natürlich 2.700 kWh. Multiplizieren wir das mit 300 Gramm, erhalten wir 810 Kilogramm CO_2.

Das ist immer noch ein Bruchteil dessen, was ein Verbrenner über die gleiche Strecke ausstößt. Selbst mit dem durchschnittlichen Strommix liegt die CO_2-Bilanz eines Elektroautos weit unter der eines herkömmlichen Autos mit Verbrennungsmotor.

810 Kilogramm plus die 15 Tonnen aus der Herstellung und Akkuproduktion ergeben 15,81 Tonnen für das Elektroauto gegenüber 30,7 Tonnen für den Verbrenner.

Und denke daran: Der Strommix wird immer grüner. Mit dem Ausbau der erneuerbaren Energien sinkt der CO_2-Ausstoß pro Kilowattstunde stetig. Das bedeutet, dass die Bilanz für Elektroautos im Laufe der Zeit nur noch besser wird.

Das ist keine Utopie, das ist Realität.

Die CO_2-Bilanz eines Verbrennungsmotors beginnt übrigens nicht an der Tankstelle. Die gesamte Kette der Ölförderung, des Transports und der Raffinierung muss berücksichtigt werden, und sie ist alles andere als umweltfreundlich.

Nehmen wir das Beispiel der südeuropäischen Pipeline, die Rohöl über eine Strecke von 769 Kilometern von der Hafenanlage in Marseille ins Rhein-Neckar-Gebiet transportiert. Um dieses zähe, schwere Rohöl über diese Distanz zu pumpen, sind mächtige Pumpen erforderlich. Mit Leistungsaufnahmen zwischen 1600 und 2200 kW sind insgesamt 34 solcher Pumpen nötig. Der Jahresstromverbrauch dieser Anlage allein liegt bei 100 GWh.

Was könnte man mit so viel Strom machen?

Nehmen wir erneut an, unser Elektroauto verbraucht immer noch einschließlich Ladeverlusten 18 kWh pro 100 Kilometer. Das ist übrigens der Wert eines Tesla Model 3 Long Range – also ein ziemlich leistungsstarkes Modell. Nur damit ihr eine Vorstellung habt, welches Elektroauto als Beispiel dient. Bei einer durchschnittlichen Jahresfahrleistung von 12.500 Kilometern ergibt sich ein Stromverbrauch von etwa 2250 kWh pro Jahr.

Ich habe für diese Berechnung in diesem Beispiel eine geringere Kilometerfahrleistung gewählt. In den vorherigen Beispielen habe ich absichtlich eine höhere Fahrleistung angenommen, um zu verdeutlichen, dass das Elektroauto selbst in diesem Szenario immer noch im Vorteil ist. Die tatsächliche Kilometerfahrleistung deutscher Autofahrer liegt jedoch unter 12.500 Kilometern.

Jetzt denke an die südeuropäische Pipeline, die ich gerade erwähnt habe, mit ihrem Jahresstromverbrauch von 100 GWh. Das entspricht 100.000.000 kWh. Teilen wir diese Zahl durch den Jahresverbrauch unseres Elektroautos, erhalten wir das Äquivalent von mehr als 44.000 Elektrofahrzeugen. Und das ist nur eine einzige Pipeline. Viele weitere durchziehen Europa, Asien, die ganze Welt. Der Stromverbrauch: enorm.

Tatsächlich muss die Energie, die für den Betrieb der Pipeline aufgewendet wird, und die damit verbundene CO_2-Emmission, mit der sonst 44.000 Elektroautos für ein Jahr fahren könnten, den Verbrennungsmotoren zur Last gelegt werden. Es ist ein Aspekt, der oft übersehen wird, wenn wir über die Umweltauswirkungen von Autos sprechen.

Und es geht weiter mit der Rohölverarbeitung. Dem Raffinieren. Hier wird das Rohöl in einer Raffinerie durch verschiedene Prozesse wie Destillation, Cracken und Reforming in seine Bestandteile zerlegt. Aus dem komplexen Gemisch werden so die verschiedenen Kraftstoffe wie Benzin und Diesel sowie andere Produkte wie Schmieröle und Bitumen gewonnen.

In diesem Prozess geht etwa 1,5 bis 2 kWh Energie pro Liter Diesel oder Benzin verloren. Das mag auf den ersten Blick nicht viel erscheinen, aber wenn man bedenkt, wie viele Liter Kraftstoff täglich verbraucht werden, summiert sich das schnell. Auch hierbei wird CO_2 erzeugt, welches in unserer bisherigen Rechnung fehlt. Tatsächlich kann dieses zusätzliche CO_2 gut ein Drittel der Belastung ausmachen, die wir bisher betrachtet haben.

Natürlich, wir wollen fair bleiben und nehmen die 2 kWh für Benzin und verwenden den Strommix mit den erneuerbaren Energien von 300 Gramm pro kWh. Das ist, wie du richtig bemerkst, sicher großzügig, denn Raffinerien erzeugen oft selbst Strom mit Rohöl, was deutlich mehr CO_2 verursacht.

Also wäre unser zuvor angenommener Liter Benzin mit 2,3 kg pro Liter schon auf 2,9 kg CO_2 angestiegen. Das ergibt bei den 150.000 km und einem verbrauch von 6 Litern auf 100 km eine Mehrbelastung von:

2,9 kg CO_2 pro Liter x 6 Liter x (150.000 km / 100 km) = 26.100 kg CO_2

Das sind zusätzliche 26,1 Tonnen CO_2, die wir bisher nicht berücksichtigt haben. Diese Zahl zeigt deutlich, wie wichtig es ist, den gesamten Lebenszyklus eines Produkts zu betrachten, wenn wir über Umweltauswirkungen sprechen.

Noch einmal vergleichen:
    Elektroauto nach 150.000 mit Herstellung und Strommix =15,81 Tonnen

Auto mit Benzinmotor mit Herstellung und dem eben dazu addierten CO_2 Belastungen = 56,8 Tonnen

Der Abstand wird immer größer.

Es mag ein wenig ermüdend erscheinen, aber es gibt noch einen weiteren Aspekt, den wir betrachten müssen, um das ganze Bild zu sehen. Und das ist das Rohöl selbst.

Erdöl besteht hauptsächlich aus Kohlenwasserstoffen, also Verbindungen von Kohlenstoff und Wasserstoff, sowie kleineren Mengen von Schwefel, Stickstoff, Sauerstoff und Metallen. Es ist ein komplexes Gemisch, das in der Natur vorkommt und durch geologische Prozesse über Millionen von Jahren aus abgestorbenen Organismen entstanden ist.

Um aus diesem komplexen Gemisch Benzin oder Diesel zu gewinnen, muss es raffiniert werden. Dabei wird das Rohöl in einer Raffinerie in seine Bestandteile zerlegt und in verschiedene Produkte umgewandelt. Für die Herstellung von einem Liter Benzin benötigt man etwa 1,5 Liter Rohöl.

Bei der Umwandlung von Rohöl zu Benzin wird nicht nur das Endprodukt gewonnen. Ein Teil des Rohöls wird zur Herstellung von Schmierstoffen verwendet. Doch dieser Prozess ist nicht ohne Nebenwirkungen. Neben der Energie, die in Form von CO_2 bei der Raffinierung freigesetzt wird, entweichen auch beim Rohöl selbst Treibhausgase in die Atmosphäre. Es ist nicht nur die Energie, die wir in der vorherigen Berechnung berücksichtigt haben, sondern auch diese zusätzlichen Emissionen, die die Gesamtbilanz beeinflussen. Der Weg von der Ölquelle zur Tankstelle ist also mit weiteren Umweltauswirkungen verbunden, die oft übersehen werden.

Ach, und übrigens, hier könnte man noch erwähnen, dass beim Entschwefeln von Benzin und Diesel in der Raffinerie, Kobalt benötigt wird. Erinnert ihr euch? Kobalt, da war doch etwas, oder?

Abschließend noch zur Wartung: Die Wartung eines Verbrennungsmotors ist nicht nur in Bezug auf die Kosten, sondern auch auf die Umweltbelastung ein wichtiger Faktor. Schauen wir uns das einmal genauer an:

Verbrennungsmotor:

Motoröl: Regelmäßige Ölwechsel sind notwendig, um den Motor geschmiert zu halten. Dabei wird nicht nur das Altöl entsorgt, sondern auch neues Öl benötigt. Die Herstellung von einem Liter Motoröl verursacht etwa 3 kg CO_2.

Getriebeöl: Auch das Getriebeöl muss in regelmäßigen Abständen gewechselt werden. Die CO_2-Belastung ist hier ähnlich wie beim Motoröl.

AdBlue (für Diesel): Dies ist eine Harnstofflösung, die bei vielen modernen Dieselfahrzeugen zur Reduzierung von Stickoxiden verwendet wird. Auch hier entsteht bei der Herstellung eine CO_2-Belastung.

Weitere Schmierstoffe und Flüssigkeiten: Bremsflüssigkeit, Kühlmittel und andere Schmierstoffe müssen ebenfalls regelmäßig gewechselt werden, was zusätzliche CO_2-Emissionen verursacht.

Elektroauto:

Die Wartung eines Elektroautos ist deutlich einfacher und umweltfreundlicher, da viele dieser Flüssigkeiten und Schmierstoffe nicht benötigt werden. Die CO_2-Belastung durch Wartung und Instandhaltung ist daher deutlich geringer.

Die zusätzlichen CO_2-Emissionen durch die Wartung eines Verbrennungsmotors können sich im Laufe der Lebensdauer eines Autos erheblich summieren. Sie sind ein weiterer Faktor, der die Gesamt-CO_2-Bilanz eines Elektroautos im Vergleich zu einem Verbrennungsmotor verbessert.

Es ist also nicht nur eine Frage der Technologie, sondern auch der Gesamtbetrachtung, die zeigt, dass Elektroautos in vielen Aspekten überlegen sind. Es ist ein Schritt in die richtige Richtung, um unsere Abhängigkeit von fossilen Brennstoffen zu verringern und einen nachhaltigeren Weg in die Zukunft zu beschreiten.

Die umfassende Betrachtung der gesamten Lebensdauer eines Autos, von der Herstellung über den Betrieb bis hin zur Wartung, zeigt deutlich, dass Elektroautos in Bezug auf die CO_2-Bilanz weit überlegen sind. Die Studien, die wir betrachtet haben, untermauern diese Erkenntnis mit soliden Daten und Berechnungen.

Also, Elektroautos sind nicht nur effizienter als Verbrennungsmotoren, sondern erzeugen auch im Durchschnitt etwa 80 % weniger CO_2 über die gesamte Lebensdauer des Fahrzeugs. Dies ist ein entscheidender Schritt in Richtung einer nachhaltigeren Zukunft und ein starkes Argument für die Umstellung auf Elektromobilität.

Aber Moment mal, halten wir kurz inne. Wie komme ich eigentlich auf diese 15 Tonnen bei der Herstellung eines Elektroautos? Ist das nicht viel mehr? Woher stammen diese Zahlen? Man könnte meinen, dass die Produktion eines Elektroautos, insbesondere der Batterie, eine enorme Menge an CO_2 verursacht. Doch schauen wir genauer hin, betrachten die Fakten und nicht die Mythen, dann entdecken wir eine andere Wahrheit. Die Wissenschaft hat hier gründliche Arbeit geleistet, und die Daten sprechen eine klare Sprache.

Hier die Aufklärung:

Die CO_2-Emissionen bei der Herstellung eines Elektroauto-Akkus? Da gibt es mehr Meinungen als bei einem Kaffeekränzchen. Einige Studien behaupten, dass die Produktion eines Akkus über 17 Tonnen CO_2 verantwortlich sein kann. Andere wiederum winken ab und sagen, dass der CO_2-Fußabdruck in den letzten Jahren gesunken ist. Manche reden gar von nur 4 Tonnen. Wer hat nun recht?

Der große CO_2-Rucksack des Elektroautos, der kommt vor allem von der energieintensiven Herstellung der Akkus. Soviel ist klar und ich denke, da sind sich die meisten einig. Aber wie schwer ist dieser Rucksack wirklich? Und wie steht es im Vergleich zum Verbrennungsmotor?

Nun, wenn wir die gesamte Lebensdauer eines Elektroautos betrachten, dann ist es CO_2-ärmer unterwegs als ein Verbrenner. Das ist wie mit einem Marathonläufer, der am Anfang etwas langsamer startet, aber auf der langen Strecke seine Konkurrenten überholt.

Eine Studie zeigt sogar, dass die CO_2-Emissionen über den Lebenszyklus eines Elektrofahrzeugs dreimal niedriger sind im Vergleich zu einem herkömmlichen Fahrzeug mit Verbrennungsmotor. Das ist, als würde man drei Stücke Schokoladenkuchen essen und nur für eines die Kalorien zählen!

Die Wahrheit? Die liegt wohl irgendwo in den Details. Also, packen wir die Lupe aus. Welche Studien gibt es?

Mein Beispiel mit den 15 Tonnen CO_2 für die Produktion eines Mittelklasse-Elektroautos ist natürlich nur ein Schnappschuss in einem weitläufigen Panorama. Die Automobilwelt ist vielfältig, und so sind auch die CO_2-Fußabdrücke.

So wird das berechnet: Bei der Geburt eines Akkus für ein Elektroauto werden bestimmte Rohstoffe in die Wertschöpfungskette eingespeist. Rohstoffe wie Lithium, Nickel, Kobalt, Graphit und Mangan bilden den Ausgangspunkt. Der Weg zur fertigen Batteriezelle ist ein komplexes Puzzle aus verschiedenen Schritten: das Mischen der Elektrodenpaste, das Beschichten der Elektroden, das Trocknen, Schneiden und schließlich das Zusammenfügen von Elektroden und Separatoren. Die Zellen werden zu Modulen montiert, und von den Modulen zu Batteriepacks. Diese wiederum erhalten ein Batteriemanagementsystem und finden schließlich ihren Platz in einem stabilen Gehäuse. Eine Prozedur, die ohne Frage Energie verschlingt – und das Erzeugen dieser Energie wiederum emittiert CO_2.

Wie viel genau? Die Antwort ist nicht pauschal, denn sie hängt von vielen Faktoren ab. Land für Land unterschiedlich, ja sogar von Tag zu Tag. Der Schlüssel liegt in der Art der erzeugten Energie. War es erneuerbare Energie, Kohle oder fossile Brennstoffe? Diese Komponenten schwanken und tanzen ein komplexes Spiel.

Die Studien brechen übrigens alle einen Wert herunter – in Kilogramm pro Kilowattstunde des Akkus.

Eine bekannte Studie des schwedischen Umweltforschungsinstituts IVL aus dem Jahr 2019 enthüllt, dass die Herstellung von Lithium-Ionen-Akkus pro kWh Batteriekapazität ca. 150 bis 200 kg CO_2-Äquivalent an Emissionen erzeugt. Wenn wir diese Zahlen auf die heute verfügbaren Batterien hochrechnen, resultiert dies in Emissionen zwischen 4 und 15 Tonnen CO_2 (abhängig von der Batteriegröße) während ihrer Produktion.

In den neuesten Erkenntnissen zur Akkuherstellung glänzen frische Zahlen: Laut dem Statistischen Bundesamt liegt der Wert bei eleganten 80 kg CO_2 pro kWh Batteriekapazität. Die TU Eindhoven von 2020 bringt mit Stil einen Durchschnitt von anmutigen 75 kg ins Spiel. Doch das ist noch nicht alles – je mehr erneuerbare Energie in der Produktion steckt, desto geringer

das CO_2. Und hier kommt das Highlight: Aktuelle Studien zeigen einen bemerkenswerten Wert von nur 40 kg. Eine spannende Vorhersage für eine immer grünere Akkuproduktion! Geht gerne auf die links und schaut nach.

Nun zu meiner Berechnung.

Für einen 75 kWh Akku würde eine Emission von **15 Tonnen** CO_2 einen Ausstoß von 200 kg pro Kilowattstunde des Akkus bedeuten. Dies ist der Wert, den ich in meinem Muster verwendet habe – tatsächlich stammt er aus der älteren Studie mit den ungünstigsten Zahlen. Eigentlich dumm von mir, oder? Doch habt ihr bemerkt, dass trotzdem die CO_2-Umweltbilanz um einiges besser ausfällt als bei einem Verbrennungsmotor? Stellt euch vor, ich hätte die aktuelleren Werte genommen. Angenommen, nur 80 kg CO_2 pro Kilowattstunde. Das wären dann lediglich **6 Tonnen**. Also bereits nahezu die Hälfte eines vergleichbaren Verbrennungsmotors. Und nun denkt mal darüber nach: Ein durchschnittliches Elektroauto der Mittelklasse besitzt normalerweise eine Batteriekapazität von etwa 50 bis 70 kWh. Also kleiner wie in meinem Muster. Somit ist die Herstellung eigentlich viel vorteilhafter, als ich es in meinen Musterberechnungen dargestellt habe. Um es klar zu sagen: Je nach Produktionsland ist die Herstellung bereits jetzt deutlich umweltfreundlicher als die eines Verbrennungsmotors. Aber da die Autos aus verschiedenen Ländern stammen, habe ich in diesem Buch vorsichtshalber den ungünstigsten Wert als Grundlage genommen, um jegliche Anschuldigungen zu vermeiden, dass hier Unwahrheiten verbreitet werden.

8. Was soll das mit dem CO_2? Ist das nicht wichtig für die Pflanzen?

Jetzt wird's trocken. Wie ist das mit dem CO_2? Warum kommt aus einem Liter Diesel 2,6 Kilo CO_2? Wie kann da mehr Gewicht entstehen? Das ist doch Unsinn, oder? Nun, lass uns das einmal genauer betrachten.

Zunächst einmal, nein, es ist kein Unsinn. Wenn Du einen Liter Diesel verbrennst, reagiert der Kohlenstoff im Diesel mit dem Sauerstoff in der Luft und bildet CO_2. Das zusätzliche Gewicht kommt vom Sauerstoff. Der Kohlenstoff im Diesel wiegt weniger als das resultierende CO_2, weil der Sauerstoff, der sich mit dem Kohlenstoff verbindet, auch Gewicht hat. Es ist eine einfache chemische Reaktion, aber sie hat weitreichende Auswirkungen.

Schauen wir uns die Zahlen an:

Ein Kohlenstoffatom wiegt etwa 12 Gramm pro Mol.

Ein Sauerstoffatom wiegt etwa 16 Gramm pro Mol, also wiegt ein Sauerstoffmolekül (O2) 32 Gramm pro Mol.

Wenn ein Kohlenstoffatom mit einem Sauerstoffmolekül reagiert, ergibt sich ein Gesamtgewicht von 44 Gramm pro Mol für das CO_2.

Da Diesel hauptsächlich aus Kohlenstoff besteht, trägt die Reaktion mit dem Sauerstoff in der Luft dazu bei, dass das resultierende CO_2 tatsächlich schwerer ist als der ursprüngliche Kraftstoff.

Anders erklärt: Stell dir einen Liter Diesel vor, der etwa 835 Gramm auf die Waage bringt. Darin stecken über 700 Gramm reiner Kohlenstoff, eingebettet wie die Rosinen in einem Kuchen. Wenn dieser »Kohlenstoffkuchen« verbrennt, tanzt er mit dem Sauerstoff in der Luft einen feurigen Tango und verwandelt sich in CO_2. Dabei nimmt er nicht nur 700 Gramm Kohlenstoff, sondern auch rund 1,9 Kilogramm Sauerstoff auf. Das Ergebnis? Ein CO_2-Gewicht von über 2,6 Kilogramm! Ja, du hast richtig gelesen: Aus einem Liter Diesel, der weniger als ein Kilo wiegt, entstehen mehr als zwei Kilo CO_2. Es ist, als würde ein Zauberer einen kleinen Hut in einen großen verwandeln. Nur dass dieser Zaubertrick keine Illusion ist, sondern eine chemische Realität, die uns nicht nur Emissionen beschert, sondern auch noch die Luft zum Atmen nimmt.

Und dann gibt es Leute, die sagen, die Natur ist der größte CO_2-Erzeuger. Die Menschen machen da nur wenige Prozent aus. Das stimmt, aber es ist auch ein wenig irreführend. Die Natur erzeugt große Mengen an CO_2, aber sie nimmt es auch wieder auf. Es gibt ein Gleichgewicht zwischen den natürlichen Quellen und Senken von CO_2.

Was wir Menschen tun, indem wir fossile Brennstoffe verbrennen, ist, dieses Gleichgewicht zu stören. Die zusätzlichen CO_2-Emissionen, die wir verursachen, mögen im Vergleich zu den natürlichen Quellen gering erscheinen, aber sie sind genug, um das Gleichgewicht zu kippen.

Es ist ein bisschen so, als würde man einen Eimer Wasser in einen bereits vollen Teich gießen. Der Eimer Wasser mag im Vergleich zum Teich klein sein, aber er kann genug sein, um das Wasser über die Ufer treten zu lassen. Stell dir vor, dass dieser Eimer Wasser, den wir jedes Jahr in den Teich gießen, nicht einfach verdunstet oder abfließt. Nein, er bleibt dort, Jahr für Jahr, Jahrzehnt für Jahrzehnt, und bei manchen Gasen sogar Jahrtausende lang. Jedes Jahr kommt ein neuer Eimer dazu, und der Teich füllt sich immer mehr. Es ist, als würde man eine Badewanne füllen und den Stöpsel nie ziehen. Irgendwann wird das Wasser überlaufen, und die Natur, unser empfindliches Ökosystem, könnte kippen. Es ist ein langsames, aber stetiges Ansteigen, das uns vor ernsthafte Herausforderungen stellt. Es ist ein Problem, das nicht einfach verschwindet, sondern sich aufbaut und aufbaut, bis es nicht mehr zu ignorieren ist.

Die Herausforderung besteht darin, Wege zu finden, um das Gleichgewicht wiederherzustellen. Und das ist keine einfache Aufgabe. Es ist ein komplexes Problem, aber eines, das wir verstehen und angehen müssen, wenn wir die Gesundheit unseres Planeten für zukünftige Generationen erhalten wollen.

Also, nein, es ist kein Unsinn. Es ist Wissenschaft. Es ist Chemie. Es ist das Verständnis der Welt, in der wir leben. Und es ist die Verantwortung, die wir alle teilen, um diese Welt für die kommenden Generationen zu bewahren.

Und was ist mit den Pflanzen? Ja, Pflanzen benötigen CO_2 für die Photosynthese, den Prozess, mit dem sie Sonnenlicht in Energie umwandeln.

Aber zu viel CO_2 in der Atmosphäre trägt zum Treibhauseffekt bei und kann das Klima auf der Erde verändern. Es ist also eine Frage des Gleichgewichts.

Die Natur ist voller solcher Paradoxe und Überraschungen. Was auf den ersten Blick unsinnig erscheint, ergibt bei genauerem Hinsehen oft einen vollkommen logischen Sinn. Es ist ein faszinierendes Puzzle, das Wissenschaftler, Forscher und sogar Filmemacher wie mich ständig herausfordert und inspiriert.

Stell dir vor, unsere moderne Welt ist wie ein riesiges Energie-Monster, das nie genug bekommen kann! Mit Elektroautos, Solaranlagen auf unseren Dächern und immer mehr High-Tech-Geräten scheint der Energiehunger unaufhaltsam zu wachsen. Aber hier kommt die große Frage: Übertreiben wir es? Brauchen wir mehr Strom, als wir überhaupt produzieren können?

Mehr dazu im folgenden Kapitel.

9. Brauchen wir mehr Strom, als wir produzieren können?

Ah, jetzt kommen wir der Sache näher! Du fragst dich, ob wir genug Strom haben, wenn alle auf Elektroautos umsteigen? Nun, lass uns das einmal durchgehen.

Von welchen Strommengen reden wir eigentlich?

Deutschland produzierte in den letzten Jahren so viel Strom:
2019: 602,3 Terawattstunden
2020: 568,1 Terawattstunden
2021: 581,8 Terawattstunden
2022: 571,3 Terawattstunden

Und wie viel haben wir tatsächlich gebraucht:
2019: 515,6 Terawattstunden
2020: 505,9 Terawattstunden
2021: 503,7 Terawattstunden
2022: 490,6 Terawattstunden

Wie wir sehen, haben wir hier in Deutschland stets mehr produziert, als wir brauchten.

Wir stets also 50 bis 90 TWh mehr Strom produziert, als nötig. Das würde ausreichen, um mit 18 bis 33 Millionen Elektroautos mit einer jährlichen Fahrleistung von etwa 12.000 km zu fahren.

Leider kann das nicht ganz so gerechnet werden, denn der überschüssige Strom wurde ja gebraucht. Das, was zu viel produziert wurde, wurde an die Nachbarländer verkauft.

2022 wurde sehr viel nach Frankreich verkauft, da dort einige Atomkraftwerke ausgefallen waren. Es wäre aber stets Luft für einige tausend Elektroautos mehr. Aber das ist nur die Spitze des Eisbergs!

Denk an all die Energie, die wir sparen könnten, wenn wir keine Raffinerien mehr bräuchten, keine Pipelines, um Rohöl zu transportieren. Diese Prozesse verbrauchen Unmengen an Energie, und wenn wir sie durch saubere, erneuerbare Energien ersetzen könnten, würden wir nicht nur den CO_2-Ausstoß reduzieren, sondern auch unsere Energieeffizienz steigern. In Kapitel 6 schrieb ich bereits von einer Pipeline, die 100 Gigawattstunden (0,1 TWh) im Jahr benötigt. In meinem Beispiel würde das für rund 44.000 Elektroautos reichen.

Und denk nur an die vielen Öltransporte durch die Lastwagen von den Häfen zur Raffinerie und von der Raffinerie zu den Tankstellen. All diese Prozesse verbrauchen Energie, die wir einsparen könnten, wenn wir auf erneuerbare Energien und Elektromobilität umsteigen.

Und dann gibt es den stetigen Ausbau der erneuerbaren Energien. Wind, Sonne, Wasser – diese natürlichen Ressourcen stehen uns in Hülle und Fülle zur Verfügung, und wir werden immer besser darin, sie zu nutzen. Derzeit haben wir in Deutschland, Stand 2023, auch nach Abschaltung der Atomkraft, mehr Strom zur Verfügung, als wir brauchen.

Aber warte, da ist noch mehr! Die Elektromobilität selbst bietet Möglichkeiten zur Energieeffizienz. Regenerative Bremsen, effiziente Batterien, intelligente Netze – all das trägt dazu bei, dass wir mehr aus unserer Energie herausholen können.

Stell dir vor, wir schließen die Raffinerien, die all das Benzin und den Diesel produzieren. Denk an all die Energie, die wir sparen würden! Und dann die Pipelines, die das Rohöl transportieren – auch hier würden wir eine Menge Energie einsparen. Das ist, als würde man einen riesigen Energiehunger stillen, der ständig im Hintergrund nagt.

Jetzt schau dir Deutschland an, Stand 2023. Wir haben Atomkraftwerke abgeschaltet, und trotzdem haben wir mehr Strom zur Verfügung, als wir brauchen. Wie ist das möglich? Weil wir klug investiert haben, in Wind, Sonne, Wasser. Wir haben unsere Energiequellen diversifiziert und erneuerbare Energien ausgebaut. Es ist, als hätten wir einen stetig wachsenden Garten voller Energie, der immer mehr Früchte trägt. Wir könnten mehr produzieren, wenn wir es speichern könnten. Diese Möglichkeit wird derzeit weiter ausgebaut.

Aber was geschieht, wenn alle elektrisch fahren? Da reicht doch der Strom nicht, oder? Nun, das würde tatsächlich Stand jetzt problematisch werden. Aber keine Sorge, so schnell geht es nicht.

Schauen wir uns die Zahlen an: Im Verlauf des Jahres 2022 wurden in Deutschland rund 470.559 reine Elektroautos neu zugelassen – mehr als jemals zuvor. Das sind rund 18 % aller neuen Zulassungen. Zählt man die Hybridfahrzeuge dazu, machen Elektroautos sogar 48,9 Prozent aus. Laut Prognose wird der Anteil der Elektroautos bei allen zugelassenen Fahrzeugen bis zum Jahr 2030 auf etwa 25 Prozent ansteigen. Das entspricht einer absoluten Anzahl von rund 12 Millionen Fahrzeugen.

Jetzt könnte man denken: »Oh je, das wird eng!« Aber halt, da gibt es noch mehr! Neben dem weiteren Ausbau von erneuerbaren Energien kann auch an vielen anderen Stellen Strom gespart werden. Und das an Orten, wo viele dachten, das wäre schon längst vom Tisch.

Nehmen wir zum Beispiel die Straßenbeleuchtung in den meisten deutschen Städten und Gemeinden. Da hängen immer noch viele alte Lampen um die Straße zu beleuchten. Mit moderner Technologie könnten hier gut 80 % Energie eingespart werden. Der jährliche Energieverbrauch der zirka 9,5 Millionen betriebenen Straßenleuchten liegt derzeit bei rund 4 Terawattstunden. Das ist eine Menge Energie. Das reich wieder für etwa 1 Million Elektroautos.

Und dann sind da noch die vielen privaten Photovoltaik-Anlagen, die das Stromnetz stabil halten. Viele kleine Stellschrauben, die zusammen ein großes Bild ergeben.

Also, bevor wir uns Sorgen machen, dass der Strom nicht reicht, sollten wir uns vielleicht fragen, wo wir noch sparen und effizienter werden können. Die Elektromobilität ist nicht das Problem, sondern Teil der Lösung.
Natürlich, da gibt es noch einen weiteren Aspekt, den wir berücksichtigen sollten, und der macht die Sache noch interessanter. Die Gesamtmenge an erzeugtem Strom aus Kraftwerken zeigt nicht, wie viel sie tatsächlich erzeugen könnten. Es ist der benötigte Strom. Denn die Leitungen, die

Netze, sie können den Strom nicht speichern. Sie sind wie ein Fluss, der ständig fließen muss, aber keine Möglichkeit hat, das Wasser aufzufangen.

Stell dir vor, wir würden Speicher anlegen, in Form von Power-to-Gas, zum Beispiel Wasserstoff. Dann könnten die großen Windräder und Photovoltaik-Anlagen permanent Strom produzieren und müssten nicht, wie derzeit so oft, abgeschaltet werden. Es wäre, als würden wir einen Staudamm bauen, der das Wasser auffängt und es dann freigibt, wenn wir es brauchen.

Das würde nicht nur die Energieeffizienz steigern, sondern auch die Versorgungssicherheit erhöhen. Es wäre, als würden wir ein Sicherheitsnetz spannen, das uns auffängt, wenn der Wind mal nicht weht oder die Sonne nicht scheint.

Und das Beste daran? Es ist machbar. Es ist eine technische Herausforderung, ja, aber keine unüberwindbare. Es ist eine Frage des Willens, der Investitionen und der Vision.

Doch ich möchte hier nicht alles schönreden, als wäre alles ein Kinderspiel. Natürlich gibt es noch viel zu tun, bevor wir die Energiewende gemeinsam mit der Elektromobilität geschafft haben. Denn im Jahr 2038 sollen ja auch die Kohlekraftwerke verschwinden.
Deutschland hat im Jahr 2022 eine Bruttostromerzeugung von 571 Terawattstunden (TWh) verzeichnet. Davon stammten etwa ein Drittel aus Kohle. Der Kohleanteil an der Stromerzeugung ist in den letzten Jahren zurückgegangen, aber Kohlekraftwerke sind immer noch ein wichtiger Faktor in der Stromproduktion in Deutschland.

Doch wir sind auf dem Weg, und es gibt viele spannende Entwicklungen:

Ausbau von Windenergie: Die Windenergie ist der größte Anteil an der Stromerzeugung aus erneuerbaren Energien in Deutschland. Der Ausbau von Onshore- und Offshore-Windparks wird weiter vorangetrieben, um die Stromproduktion aus Windenergie zu erhöhen.

Ausbau von Solarenergie: Die Solarenergie ist ein weiterer wichtiger Baustein in der Stromerzeugung aus erneuerbaren Energien. Der Ausbau von Photovoltaikanlagen wird weiter vorangetrieben, um die Stromproduktion aus Solarenergie zu erhöhen.

Förderung von Wasserstoff: Wasserstoff kann als Energiespeicher und als Treibstoff für Brennstoffzellenfahrzeuge verwendet werden. Die Forschung und Entwicklung von Wasserstofftechnologien wird gefördert, um den Einsatz von Wasserstoff in der Stromerzeugung und im Verkehr zu erhöhen.

Verbesserung der Energieeffizienz: Die Steigerung der Energieeffizienz in Gebäuden und Industrie kann dazu beitragen, den Stromverbrauch zu reduzieren und den Anteil erneuerbarer Energien in der Stromerzeugung zu erhöhen.

Und da wäre dann auch noch ein weiteres Thema. Wenn es um Gebäude und Energieeffizienz geht, darf ein Einwand nicht fehlen: Die Wärmepumpe. Ja, auch sie ist natürlich energieintensiv. Aber natürlich brauchen nicht alle eine solche Heizung. Es gibt auch andere nachhaltige Lösungen. Aber dennoch. Eine Prognose geht davon aus, dass mit 5,5 Millionen Wärmepumpen ein Stromverbrauch von rund 33 TWh verbunden wäre. Also auch das muss natürlich mit eingerechnet werden. Einige werden den Bedarf mit eigenen Photovoltaikanlagen abdecken.

Insgesamt wird die Energiewende nur funktionieren, wenn wir weiter die erneuerbaren Energien ausbauen.

Derzeit, liebe Leser, stehen wir vor keiner Stromkrise. Der Strom reicht, und das ist keine bloße Behauptung. Der Ausbau erneuerbarer Energien, die Bemühungen vieler Kommunen und die vielen privaten Photovoltaikanlagen wachsen mit der Anzahl der mehr verkauften Elektroautos und den benötigten Wärmepumpen mit. Bis jetzt.

Aber natürlich, und hier wird es interessant, kann niemand sagen, wie das in ein paar Jahren aussieht. Tatsache ist, dass noch große Herausforderungen vor uns liegen. Das Netz selbst muss an vielen Stellen ausgebaut werden. Das ist nicht immer einfach, weil zum Beispiel auch Bürgerinitiativen gegen Stromtrassen sind. Klar, das will im Grunde niemand vor der eigenen Haustüre haben. Es ist wie mit einem ungeliebten Nachbarn – man weiß, er muss da sein, aber man möchte ihn nicht sehen.

Auch der Ausbau der Windkraft ist nicht immer einfach, weil auch hier verschiedene Regelungen in den einzelnen Bundesländern manche Projekte unmöglich machen. Es ist ein bisschen wie ein Puzzle, bei dem einige Teile einfach nicht passen wollen.

Dann gibt es noch viele Meldungen, die den Bürgern Angst und Bange machen. So schreiben Zeitungen: »Überlastungsprobleme zu befürchten«: Netzagentur-Chef warnt vor Stromausfällen durch Elektroautos und Wärmepumpen. Oder Angstmeldungen wie diese hier: Ab 2024 soll Strom für Wärmepumpen und E-Autos rationiert werden. Es ist, als würde man plötzlich erfahren, dass der Kaffee rationiert wird – unvorstellbar und beängstigend.

Das verunsichert natürlich, und ich will hier auch nicht behaupten, dass alles zu 100 % klappen wird. Denn ich kann nicht vorhersehen, welche Steine den erneuerbaren Energien noch in den Weg gelegt werden. Aber ich weiß eins mit 100 % Sicherheit: Wir hätten die Möglichkeit, es zu schaffen. Wir wissen, was zu tun ist, und ich bin auch optimistisch, dass wir diese Ziele erreichen.

Nun könnte der eine oder andere sagen, »Was schreibt der da? Hat der Weichelt noch alle Tassen im Schrank? Wir könnten es schaffen!« Liebe Leser, ich habe keine Glaskugel. Aber überlegt mal, was wäre denn die Alternative? Weitermachen wie bisher? Ist das der Plan? Nein, das funktioniert nicht. Fossile Brennstoffe können und dürfen nicht weiter in unseren Autos der Hauptantrieb sein. Außerdem ist Erdöl und Erdgas nicht in unendlicher Menge verfügbar. Also müssten wir, auch wenn wir an all den Klimawandel, der von uns Menschen befeuert wurde, nicht glauben, trotzdem irgendwann umdenken.

Also machen wir mit der Elektromobilität auf jeden Fall den richtigen Schritt.

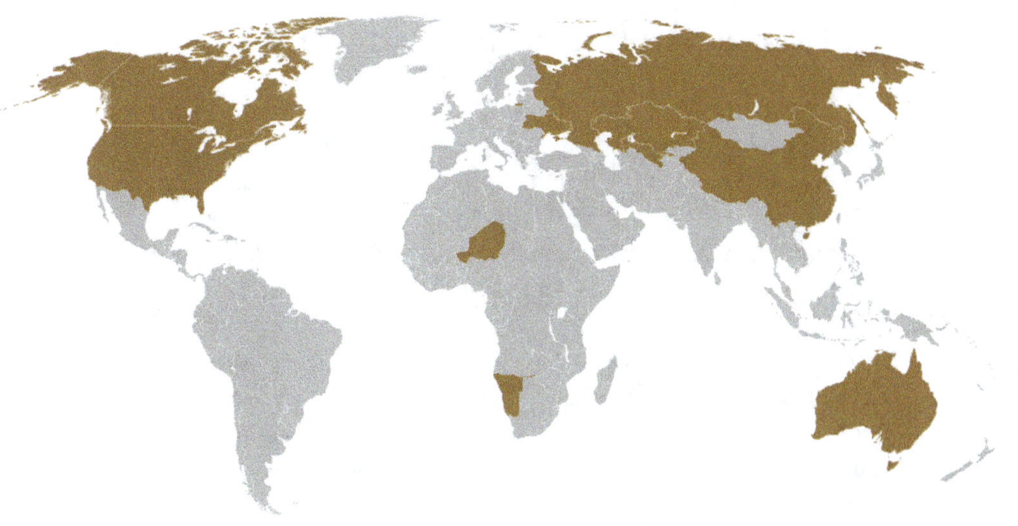

Die zehn Staaten mit der weltweit größten Uranförderung. Stand 2010.

Kernkraftwerk du Bugey in Frankreich. Frankreich setzt stark auf Atomkraft für »saubere« Energie. Interessanterweise stammt viel des benötigten Urans aus dem Niger. Allerdings gibt es dort Probleme wie Kinderarbeit im Uranabbau. Die sogenannte »Saubere Energie« hat auch ihre Schattenseiten, über die Befürworter nachdenken sollten.

10. Könnte Atomkraft uns nicht retten?

Könnte Atomkraft uns nicht retten? Diese Frage mag manch einem durch den Kopf gehen, wenn man über die Energiewende und die Zukunft unserer Energieversorgung nachdenkt. Aber bevor wir uns in die glänzenden Versprechen der Atomkraft verstricken, sollten wir einen Blick in die Vergangenheit werfen. Und da wird es interessant, liebe Leser.

In Deutschland war bis vor 35 Jahren das viertgrößte Uran-Abbaugebiet der Welt. Ja, du hast richtig gelesen, das viertgrößte! Und das mitten in Europa. Die Wismut AG, ein Unternehmen, das im Auftrag der Sowjetunion Uranerz abbaute, hat in der DDR eine Spur der Verwüstung hinterlassen, die bis heute nachwirkt.

Stell dir vor, du machst einen Spaziergang durch eine idyllische Landschaft, und plötzlich stößt du auf riesige Krater, die aussehen, als hätte ein Riese mit einer Schaufel im Boden gewühlt. Das sind die Narben des Uranbergbaus. Die Umweltzerstörung, die durch den Abbau von Uran entstanden ist, ist enorm und wird oft nicht angesprochen.

Aber es sind nicht nur die sichtbaren Narben, die uns Sorgen machen sollten. Die unsichtbaren Wunden, die der Uranbergbau in der Umwelt hinterlassen hat, sind mindestens genauso beunruhigend. Die Verseuchung von Grundwasser, die Freisetzung von Radon und die langfristigen Gesundheitsrisiken für die Menschen in den betroffenen Gebieten sind nur einige der Probleme, die mit dem Uranbergbau verbunden sind.

Die größte Gefahr ging von den ionisierenden Strahlen aus, die im Bergbau freigesetzt wurden. Von den 11.400 gemeldeten Verdachtsfällen wurden 4.200 als Krankheit anerkannt. In 90 Prozent dieser Fälle handelte es sich um Lungenkrebs. Aber das ist nur die Spitze des Eisbergs.

Die zweite große Krankheitsgruppe waren die Quarzstaub-Lungen, auch bekannt als Silikosen. Von den 5.200 angezeigten Verdachtsfällen wurden rund 3.000 als Berufskrankheit anerkannt. Hinzu kamen Lärm- oder Wirbelsäulenschäden sowie Lungenkrankheiten durch Asbeststaub.

Die Kosten für diese menschlichen Tragödien sind enorm. Seit 1991 hat die Berufsgenossenschaft nach eigenen Angaben insgesamt 1,1 Milliarden Euro an Entschädigungen sowie für Vorsorge- und Therapieprogramme an die ehemaligen Kumpel und deren Familien gezahlt. Allein im vergangenen Jahr betrug die Summe rund 18 Millionen Euro.

Und die Forschung bestätigt das düstere Bild. Jüngste Untersuchungen der Bundesanstalt für Strahlenschutz zu rund 60.000 ehemaligen Wismut-Beschäftigten bestätigen das vergleichsweise hohe Risiko für Lungenkrebs nach Radonbelastung.

Und dann sind da noch die Kosten. Die Sanierung der ehemaligen Uranbergwerke und die Entsorgung des radioaktiven Abfalls kosten Milliarden. Und wer zahlt das? Richtig, wir alle. Die Kosten für die Umweltzerstörung durch den Uranbergbau werden noch Generationen nach uns tragen müssen.

Die Kosten für die Sanierung der Altlasten aus dem Uranbergbau der Wismut GmbH sind ein weiteres Kapitel in dieser tragischen Geschichte. Sie liegen mittlerweile bei über sieben Milliarden Euro. Das ist eine gewaltige Summe, die die Steuerzahler tragen müssen, und sie zeigt, wie tief die Wunden sind, die der Uranbergbau in unserer Umwelt hinterlassen hat.

Im vergangenen Jahr wurden weitere 127,7 Millionen Euro für die Sanierung in Sachsen und Thüringen ausgegeben, 2,5 Millionen Euro mehr als im Jahr zuvor. Seit 1991 summieren sich die Kosten für den Bund auf rund sieben Milliarden Euro. Etwas mehr als die Hälfte davon entfiel auf die ehemaligen Wismut-Standorte in Thüringen.

Und die Arbeit ist noch lange nicht abgeschlossen. Um die Auswirkungen auf die Umwelt weiterhin im Auge zu behalten, betreibt die Wismut eines der größten Systeme der Umweltüberwachung in Europa. Dazu zählen mehr als 1.000 Messstellen für Grund- und 400 für Oberflächenwasser sowie 380 Messstellen zur Luftqualität.

Diese Zahlen sind nicht nur eine Erinnerung an die Vergangenheit, sondern auch eine Mahnung für die Zukunft. Sie zeigen, dass die wahren Kosten der Atomkraft weit über die bloßen Betriebskosten hinausgehen. Sie umfassen auch die Kosten für die Sanierung, die Überwachung und die Entschädigung derjenigen, die unter den Folgen leiden.

Liebe Leser, Atomkraft mag auf den ersten Blick wie eine einfache Lösung erscheinen. Aber wie bei einem schlechten Zaubertrick, bei dem der Magier versucht, uns mit glitzernden Effekten abzulenken, sollten wir nicht auf die Illusion hereinfallen. Die wahren Kosten der Atomkraft, sowohl finanziell als auch ökologisch, sind enorm.

Und da sind wir wieder bei einem Punkt, der oft übersehen wird, wenn es um die sogenannte »saubere« Atomkraft geht. Die Realität ist weit komplexer und oft viel düsterer.

Nehmen wir den französischen Atomkonzern Orano, der drei riesige Uranminen im Niger besitzt. Kinderarbeit im Zusammenhang mit dem

Uranabbau im Niger? Ja, das ist leider Realität. Berichte über einige der schlimmsten Formen von Kinderarbeit, einschließlich Zwangsarbeit und Kinderprostitution, sind bekannt.

Und das klingt in der Tat um einiges schlimmer als die Situation im Kongo, wo zumindest Versuche unternommen werden, die Bedingungen zu verbessern.

Der Uranabbau im Niger ist nicht nur mit menschlichen Tragödien verbunden, sondern auch mit erheblichen ökologischen Schäden. Berichte über die Verunreinigung von Wasserquellen und die Freisetzung von radioaktiven Stoffen sind alarmierend, aber sie scheinen in der öffentlichen Debatte oft unter den Teppich gekehrt zu werden.

Denn, hat das je ein Befürworter der Atomkraft offen zugegeben? »Ja, gut, da werden Kinder missbraucht und die Bewohner in dem Land werden krank. Aber das ist ja weit weg. Bei uns ist alles gut.«

Manche Menschen mögen die Vorstellung haben, dass in Atomkraftwerken nur heiße Luft verdampft wird, aber die Realität ist weit komplexer und oft viel beunruhigender. Der gesamte Lebenszyklus der Atomkraft, von der Gewinnung des Urans bis zur Entsorgung der Abfälle, hat ernsthafte und lang anhaltende Auswirkungen auf die Umwelt und die Gesundheit der Menschen.

Frankreich, das voll und ganz auf Atomkraft setzt, scheint diese Gefahren und die schrecklichen Umstände der Kinderarbeit in Niger zu ignorieren. Hier zeigt sich ein Bild, das an die dunklen Zeiten der Kolonialherrschaft erinnert. Die Ausbeutung von Bodenschätzen geht auf Kosten der Menschen, die auf diesem Land leben. Die Länder, die von europäischen Nationen ausgebeutet werden, gehören zu den ärmsten der Welt, obwohl sie durch ihre Bodenschätze eigentlich zu den wohlhabendsten gehören müssten.

Das ist nicht nur hart, das ist tragisch. Und es ist ein weiterer Grund, warum wir die Atomkraft nicht als einfache Lösung für unsere Energieprobleme betrachten sollten. Die wahren Kosten sind nicht nur finanziell, sondern auch menschlich und moralisch.

Und bei all den Problemen rund um Umweltzerstörung, Krankheiten und Kinderarbeit habe ich noch gar nicht den Punkt mit der Müllentsorgung angesprochen. Auch diese Kosten, die über die Jahrhunderte Gelder verschlingen werden, müssten dem so angeblich günstigen und sauberenA-tomstrom angerechnet werden. Aber lassen wir dieses Thema.
    Also nein, Atomkraft sollte nicht unsere Lösung sein.

Das Kernkraftwerk Cofrentes in Spanien, etwa 70 Kilometer westsüdwestlich von Valencia, betreibt einen Siedewasserreaktor und zeichnet sich durch seine Lagerung flüssiger radioaktiver Abfälle in offenen Becken aus. Dieser Ansatz, radioaktive Abwässer in unmittelbarer Nähe zum Kraftwerk zu sammeln, wirft Bedenken hinsichtlich der Umweltauswirkungen und Sicherheitsmaßnahmen auf. Obwohl das Kraftwerk alle Sicherheitsstandards einhält, bleiben die Fragen zur Sicherheit und Umweltauswirkungen in der Diskussion um die Nutzung von Kernenergie bestehen.

11. Zerstören Windkraftanlagen die Umwelt?

Ah, Windkraftanlagen! Diese majestätischen Giganten, die sich sanft im Wind drehen und uns saubere Energie liefern. Doch, wie bei allem, was groß und auffällig ist, gibt es auch hier Mythen, die sich hartnäckig halten.

Vogelsterben durch Windräder: Ein ernstes Thema, das oft angesprochen wird, ist der Einfluss von Windrädern auf Vögel. Es stimmt, es gibt Vorfälle, bei denen Vögel durch Windräder zu Schaden kommen. Aber es ist wichtig, das in Perspektive zu setzen. Studien zeigen, dass andere menschliche Aktivitäten, wie Gebäude, Straßenverkehr und Hauskatzen, für deutlich mehr Vogelopfer verantwortlich sind. Das bedeutet nicht, dass wir das Problem ignorieren sollten. Durch sorgfältige Planung und Technologie können wir den Einfluss auf die Vogelwelt minimieren. Es geht darum, das richtige Gleichgewicht zwischen erneuerbarer Energie und Naturschutz zu finden.

Lärm: Manche behaupten, Windräder seien die Rockkonzerte der Natur. Aber in Wirklichkeit? Sie sind eher wie eine Bibliothek. Moderne Windräder flüstern mehr, als dass sie schreien. Aber halt. Da war doch noch was. *Infraschall.* Ein weiterer Punkt, der oft in der Debatte um Windkraftanlagen aufkommt, ist tatsächlich Infraschall.

Was genau ist das? Infraschall bezieht sich auf Schallwellen mit einer Frequenz von unter 16 Hertz, die vom menschlichen Ohr nicht wahrgenommen werden können. Bei Windkraftanlagen entsteht Infraschall durch die Bewegung der Rotorblätter. Aber bevor wir uns zu sehr sorgen, sollten wir uns die Fakten ansehen.

Im Vergleich zu anderen technischen oder natürlichen Quellen, wie zum Beispiel dem Straßenverkehr, sind Windenergieanlagen verhältnismäßig schwache Infraschallquellen. Tatsächlich erzeugt das Rauschen von Autos in der Ferne mehr Infraschall als ein Windrad. Es gibt keine wissenschaftlichen Beweise dafür, dass Infraschall von Windkraftanlagen gesundheitliche Auswirkungen auf Menschen hat.

Dennoch ist die Diskussion über Infraschall in Bezug auf Windkraftanlagen in der öffentlichen Debatte präsent. Es gibt verschiedene Studien und Expertenmeinungen zu diesem Thema, aber die überwiegende Mehrheit kommt zu dem Schluss, dass Infraschall von Windkraftanlagen keine schädlichen Auswirkungen auf die Gesundheit hat.

Landschaftsveränderung: Landschaftsveränderung durch Windräder ist ein Thema, das oft hitzige Debatten auslöst. Einige blicken auf die sanften Hügel und weiten Ebenen und denken: ‚Oh nein, meine idyllische Aussicht wird durch diese modernen Windmühlen zerstört! Aber wenn ich diese Windräder sehe, denke ich: Hallo, saubere Energie! Hallo, Zukunft! Es ist alles eine Frage der Perspektive.

Vergleichen wir das mal mit Kohlekraftwerken. Diese riesigen, rauchenden Türme, die den Himmel verdunkeln und die Luft mit Schadstoffen füllen. Oder denke an den Tagebau: Ganze Landstriche werden umgegraben, Wälder gerodet, Dörfer umgesiedelt. Die Landschaft wird unwiderruflich verändert, und das nicht zum Besseren. Und das alles, um fossile Brennstoffe zu fördern, die unsere Luft verschmutzen und zum Klimawandel beitragen.

Wenn man das bedenkt, sind Windräder doch eine ziemlich elegante Lösung. Sie nutzen eine unendliche Ressource - den Wind - und produzieren saubere Energie, ohne CO_2-Emissionen. Und ja, sie verändern die Landschaft, aber auf eine Weise, die uns in Richtung einer nachhaltigeren, saubereren Zukunft führt. Es ist also nicht nur eine Frage der Ästhetik, sondern auch der Prioritäten. Was ist uns wichtiger: Eine unveränderte Aussicht oder ein Planet, der für zukünftige Generationen lebenswert bleibt?

Ressourcenverbrauch: Ja, Windräder fallen nicht einfach so vom Himmel. Aber denke daran: Einmal aufgebaut, liefern sie uns jahrzehntelang saubere Energie. Das ist, als ob du in ein gutes Paar Schuhe investieren, das dich ewig trägt.
Aber gut. Was ist drin in so einem Energiegiganten?

Zur Herstellung von Windkraftanlagen werden diverse Rohstoffe benötigt. Dazu gehören:
Eisenerz, häufig aus Brasilien. Kupfer, oft aus Peru. Bauxit. Seltene Erden wie Cer, Lanthan und Yttrium. Übrigens sind diese Rohstoffe nicht nur für Windkraftanlagen, sondern auch für Solaranlagen essenziell. Zum Thema »seltene Erden« noch folgendes. Ja, der Abbau seltener Erden kann durchaus problematisch sein, insbesondere in Bezug auf Umweltauswirkungen und soziale Bedingungen in den Abbaugebieten. Und sicher muss hier noch viel getan werden. Doch wir stehen an einem Punkt, an dem wir uns fragen müssen, wie wir in Zukunft leben wollen.

Es ist hier wichtig zu betonen, dass seltene Erden nicht nur in Windkraftanlagen, Solaranlagen oder sonstigen erneuerbaren Energien Verwendung finden. Sie sind ebenso essenzielle Bestandteile in Atomkraftwerken, Kohlekraftanlagen, Wasserkraftwerken und vielen anderen Energieerzeugungssystemen. Diese Elemente sind in der modernen Energieerzeugung allgegenwärtig. Daher ist es unerlässlich, dass wir uns mit ihrer nachhaltigen Gewinnung und Verwendung auseinandersetzen, unabhängig von der spezifischen Energiequelle.

Zudem sind Windkraftanlagen ohne Stahl undenkbar. Dieser wird für Türme, Turbinen und Fundamente benötigt. Der Bundesverband Windenergie gibt an, dass für die geplanten Energieziele sechs Windkraftanlagen erforderlich sind. In jeder dieser Anlagen werden – inklusive Turbine, Turm und Fundament – etwa 500 bis 600 Tonnen Stahl verbaut. Es gibt allerdings auch innovative Ansätze, Windkraftanlagen aus umweltfreundlicheren Materialien wie Holz zu konstruieren. Trotz des Materialaufwands: Windkraftanlagen zeichnen sich durch kurze energetische

Amortisationszeiten aus und sind im Vergleich zu anderen Energiequellen keineswegs übermäßige »Materialfresser«.

Einfluss auf das lokale Klima: Man hört immer wieder, Windparks könnten das Wetter beeinflussen. Wenn das wirklich so wäre, dann würde ich mir prompt einen ins eigene Grün setzen und mir dauerhaften Sonnenschein garantieren!

Tatsächlich beeinflussen Windräder das lokale Mikroklima in einem gewissen Maße. Allerdings sind diese Auswirkungen begrenzt und verändern nicht das Wetter. Es gibt keine wissenschaftlichen Beweise dafür, dass Windräder das Klima negativ beeinflussen.

Ja, ich bin mir bewusst, dass viele Menschen, darunter auch solche, denen man fachliches Wissen eher zutrauen würde als mir, genau das Gegenteil behaupten. Zum Beispiel Gerd Ganteför, ein deutscher Physiker und Professor für Clusterphysik. In einem Interview mit dem Klimareporter° äußerte er die Ansicht, dass der Bau von Windkraftanlagen in Süddeutschland wenig Sinn ergibt, da dort oft Flaute herrscht. Ganteför präsentiert in mehreren YouTube-Videos die These, dass Windräder durchaus das Wetter beeinflussen können.

Was soll ich darauf erwidern? Wenn ich jetzt behaupte, dass alles, was dieser Physiker sagt, falsch ist, wer würde mir dann glauben? Daher möchte ich einige weitere Expertenmeinungen ins Spiel bringen.

Bodo Wichura vom DWD sieht das anders und kann sich ein Schmunzeln nicht verkneifen: »Da wird das Pferd von hinten aufgezäumt. Die Windkraftanlage reagiert auf den Wind, sie erzeugt ihn nicht. Windräder drehen sich nur, wenn Wind weht. Und Wind haben wir in der Regel bei Tiefdruckgebieten«, erklärt Wichura. Diese Tiefdruckgebiete bringen meist auch Wolken mit.

Prof. Dr. Stefan Emeis vom KIT fügt hinzu: »Wenn überhaupt, dann könnten Windkraftanlagen zu zusätzlicher Wolkenbildung beitragen.« Durch die Windräder könnte die Luftfeuchtigkeit steigen.

In Modellen für Offshore-Windparks in der Nordsee wurde das beobachtet. Die feuchte Luft, die von der Wasseroberfläche aufsteigt, wird durch die Windkraftanlage nach oben transportiert. »Wir haben diese Verdunstungsströme untersucht und angenommen, dass es zu zusätzlicher Wolkenbildung kommen müsste«, sagt Emeis. Doch die Realität zeigte ein anderes Bild. Bei über 40 Forschungsflügen über dem Windpark konnten nur auf zwei oder drei Aufnahmen Anzeichen für zusätzliche Wolkenbildung festgestellt werden. Ein kaum überzeugendes Ergebnis.

Martin Jaksch-Fliegenschnee von der IG Windkraft ist mit den Geschichten über verändertes Wetter durch Windkraftanlagen vertraut. »Diese Behauptungen tauchen immer wieder auf – ich frage mich wirklich, warum«, äußert er gegenüber der futurezone. »In einer Gemeinde in Niederösterreich wurde zum Beispiel behauptet, seitdem die  Windräder auf dem Hügel stehen, gäbe es keinen Regen mehr.« Eine Untersuchung der ZAMG zeigte jedoch, dass es genauso oft regnete wie vor dem Bau der Windräder. »Unser persönliches Empfinden kann uns manchmal in die Irre führen.«

Es verwundert mich, dass so viele »Experten«, wie zum Beispiel Gerd Ganteför, vehement gegen erneuerbare Energien argumentieren, ohne dabei eine alternative Lösung anzubieten. Ganteför vertritt die Ansicht, dass der Klimawandel nicht das Ende der Welt bedeuten würde. Er verharmlost. In einem Interview mit Deutschlandfunk Kultur aus dem Jahr 2015 betonte er, dass Freiheit ein höheres Gut sei als Klima- oder Umweltschutz.

Er ging sogar so weit zu behaupten, dass ein Umstieg auf erneuerbare Energien einem Ausstieg aus der Freiheit gleichkäme.

Ich sehe das anders. Wenn wir nicht bald entschieden handeln, könnten die klimatischen Veränderungen noch katastrophalere Ausmaße annehmen und unsere Freiheit tatsächlich beschränken. Uns sollte bewusst sein, dass jede unserer Handlungen Konsequenzen mit sich bringt. Natürlich benötigen wir Ressourcen für erneuerbare Energien. Diese sollten jedoch nachhaltig, recycelbar und im Betrieb CO_2-neutral sein. Ist euch schon einmal aufgefallen, dass die Gegner oder Lobbyisten der erneuerbaren Energien und Elektromobilität nie eine alternative Lösung parat haben? Sie bemühen sich, die vermeintlichen Schäden durch Windräder plausibel darzustellen, übersehen dabei aber, dass die Verbrennung von Kohle und Öl in den letzten 100 Jahren das Klima tatsächlich und nachweislich verändert hat.

Zum Abschluss des Kapitels über Windräder möchte ich jedoch ein tatsächliches Problem ansprechen. Denn, ja, es gibt tatsächlich Aspekte, die kritisch betrachtet werden müssen. Nicht alles ist perfekt, und es gibt definitiv Raum für Verbesserungen.

Ein häufiger Kritikpunkt, der Windräder in ein schlechtes Licht rückt, ist ein bestimmtes Isoliergas, das in vielen dieser Anlagen verwendet wird. Es wird oft behauptet, dass dieses Gas die Windkraftanlagen zu »Klimakillern« macht. Doch was steckt wirklich dahinter? Lasst uns einen genaueren Blick darauf werfen.

Es handelt sich um SF_6. SF_6, oder Schwefelhexafluorid, ist ein farb- und geruchloses Gas, das in der Industrie vor allem wegen seiner hervorragenden isolierenden Eigenschaften geschätzt wird. Es wird häufig in Hochspannungsschaltanlagen eingesetzt, um Funkenbildung zu verhindern und so elektrische Durchschläge zu vermeiden. Das macht es zu einem wichtigen Bestandteil in vielen elektrischen Anlagen, einschließlich einiger Windkraftanlagen.

Allerdings gibt es einen Haken: SF_6 ist ein extrem starkes Treibhausgas. Es hat ein Treibhauspotenzial, das etwa 25.184 Mal stärker ist als das von CO_2.

Ein weiteres Problem ist, dass SF_6 sehr langlebig ist. Einmal in die Atmosphäre freigesetzt, kann es dort bis zu 3.200 Jahre verweilen. Das macht es zu einem dauerhaften Problem für unseren Planeten.

Es ist also verständlich, warum die Verwendung von SF_6 in Windkraftanlagen kritisch gesehen wird. Es ist wichtig, Alternativen zu finden und sicherzustellen, dass dieses Gas nicht in die Umwelt gelangt. Glücklicherweise gibt es bereits Ersatzstoffe für SF_6 und dessen Einsatz in der Industrie zu reduzieren. Doch noch ist er längst nicht überall getauscht.

Dazu sollte man sich klarmachen, in welchen Mengen dieses Gas überhaupt vorliegt. In einem Windrad mit 3 MW sind etwa 7 Kilogramm dieses Gases enthalten.

Dennoch wichtig zu betonen ist, dass dieses Gas normalerweise nicht austritt. Es bleibt in den Schaltkreisen des Windrades, denn würde es entweichen, könnte das Windrad möglicherweise Schaden nehmen. Es ist also nicht so, dass zwangsläufig aus jedem Windrad dieses Gas austritt. Würde es das tun, hätte das tatsächlich erhebliche Auswirkungen auf das Klima. Denn die 7 Kilogramm SF_6 entsprechen beeindruckenden 176,2 Tonnen CO_2-Äquivalent.

Und damit lande ich erneut bei einem Lobbyisten-Beitrag der öffentlich-rechtlichen Medien. Ich möchte betonen, wie sehr es mich schmerzt, die öffentlich-rechtlichen Sender als Lobbyisten und Verbreiter von Fake News zu bezeichnen. Denn sie sind essenziell für unsere Demokratie. Aber gerade deshalb mache ich darauf aufmerksam, denn es muss sich hier dringend etwas ändern.

Genau diese Medien haben 2022 genau das getan. Eine ARD-Dokumentation hat das Windrad als den »Klimakiller Nummer eins« bezeichnet. Lasst uns das einmal näher betrachten.

Die »Plusminus«-Dokumentation behauptet in diesem Film wortwörtlich, dass Windräder dieses Gas ausstoßen und damit mehr Treibhausgase verursachen als der gesamte deutsche Flugverkehr. Die Tendenz sei sogar steigend. Es wird suggeriert, dass mit zunehmender Anzahl von Windrädern das Problem exponentiell wächst.

Doch diese Darstellung ist irreführend. Solange das Windrad ordnungsgemäß funktioniert und das System geschlossen bleibt, hat das Gas keinerlei Auswirkung auf das Klima.

Selbst wenn ein Windrad sein SF_6 verlieren würde, hätte es durch den bis dahin erzeugten Strom bereits mehrere Tausend Tonnen CO_2 eingespart, verglichen mit einem Kohlekraftwerk. Das bedeutet, selbst im schlimmsten Fall wäre das Windrad in Bezug auf den CO_2-Fußabdruck immer noch deutlich umweltfreundlicher als konventionelle Energiequellen.

Die ARD-Doku legt nahe, dass der Anstieg von SF_6 in der Atmosphäre direkt auf Windkraftanlagen zurückzuführen sei. Doch diese Darstellung ist falsch.

Richtig ist zwar, dass der deutsche Luftverkehr im Jahr 2022 für etwa 2,4 Millionen Tonnen CO_2-Äquivalente verantwortlich war und SF_6 für 4,4 Millionen Tonnen CO_2-Äquivalente.
    Aber bei genauerer Betrachtung wird deutlich, dass diese Zunahme an SF_6 nicht mit Windrädern in Verbindung steht.

Auf den Seiten des Umweltbundesamtes ist klar ersichtlich, wer für die Zunahme an SF_6 verantwortlich ist.

Der größte Ausstoß dieses Treibhausgases wird durch Schallschutzfenster verursacht. Ja, richtig gelesen: Schallschutzfenster. Wie kommt das? Nun, SF_6 hat nicht nur die Eigenschaft, elektrischen Strom zu isolieren, sondern auch Schall. Daher wurde es bis in die 1990er Jahre in Schallschutzfenstern eingesetzt. Erst 2006 wurde sein Einsatz dafür verboten. Sicherlich sind in jedem Fenster nur ein paar Gramm enthalten, aber durch die vielen Sanierungen und Neubauten werden diese Fenster nun unkontrolliert entsorgt und das Gas entweicht.

Ein weiteres Problem ist, dass dieses Gas früher in Autoreifen gefüllt wurde. Ja, SF_6 wurde als Ersatz für Luft zur Reifenfüllung verwendet, und das über einen Zeitraum von rund 20 Jahren bis etwa zum Jahr 2000. Es war sogar in Tennisbällen enthalten.

Doch zurück zur ARD-Doku. Ja, SF_6 ist ein Problem. Aber warum wird nicht erwähnt, dass dieses Gas auch in Umspannwerken, Kohlekraftwerken oder Atomkraftwerken vorkommt? Warum nur? Und warum wird behauptet, dass dieses Gas genau aus den Windkraftanlagen für das steigende SF_6-Vorkommen in der Atmosphäre verantwortlich ist, obwohl es ja naturgemäß nicht austritt und in einem geschlossenen System bleibt?

Das kritisiere ich, denn solche Fernsehbeiträge werden so zu einem gefundenes Fressen für alle Gegner der erneuerbaren Energien.

Leider führen solche Medienberichte auch dazu, dass viele andere Medien diesen aufgreifen und weiterverbreiten. Einige Artikel zeichnen regelrechte Horrorszenarien. Nicht selten wird das Thema auch politisiert, was den Ausbau erneuerbarer Energien verlangsamt.

Natürlich muss man alles kritisch hinterfragen. Und es ist selbstverständlich nicht sinnvoll, Treibhausgase wie SF_6 als Isoliergas zu verwenden, wenn es die Gefahr gibt, dass sie freigesetzt werden. Dies gilt für alle unsere Technologien.

Wenn man sich ausrechnet, welchen Schaden SF_6 in den letzten Jahren durch das unbedachte Befüllen von Autoreifen oder Schallschutzfenstern verursacht hat, wird man nachdenklich. Dieses Gas, das viel schwerer als Luft ist, wird teilweise Jahrzehnte benötigen, bis es seine volle Wirkung als Treibhausgas entfaltet. Wenn man diese Faktoren berücksichtigt, könnte man zu dem Schluss kommen, dass all unsere zukünftigen Bemühungen zum Klimaschutz möglicherweise bereits zu spät sind. Doch diesen Gedanken möchte ich nicht weiterverfolgen und hoffe stattdessen auf positive Entwicklungen.

Apropos »saubere« Atomkraftwerke: Aufgrund der hohen Sicherheitsanforderungen bei AKWs wird SF_6 in vielen Kraftwerken eingesetzt. Je nachdem, wie sorgfältig gearbeitet wird, gibt es unterschiedlich hohe Undichtigkeiten und Entweichungen von SF_6. In Frankreich beispielsweise müssen Gasverluste von über 100 kg offiziell gemeldet werden. Dies war im September 2021 bei Flamanville mit einem Verlust von 100,37 kg der Fall. Umgerechnet in CO_2-Äquivalente entspricht das beeindruckenden 2.527.718,08 kg oder rund 2.528 Tonnen CO_2-Äquivalent. Es zeigt, dass auch die »saubere« Atomkraft, direkt im Betrieb Vorort, ihre eigenen Umweltprobleme mit sich bringt.

12. E-Fuels – Die synthetische Zukunft?

Okay, schnallen wir uns an und tauchen ein in die faszinierende Welt der E-Fuels!

Wirkungsgrad: Fangen wir mit dem Elefanten im Raum an: dem Wirkungsgrad. E-Fuels müssen aus Strom hergestellt werden. Und dieser Strom kommt oft aus ... na, komm schon ... fossilen Brennstoffen. Zumindest noch etwa 50 % davon. Das ist, als würdest du versuchen, mit einem Trichter in der Hand im Regen Wasser zu sammeln, während du unter einem Dach stehst. Es ist einfach nicht effizient. Und die Thermodynamik, diese alte Spaßbremse, setzt uns hier Grenzen.

Strombedarf: Ein Auto mit E-Fuels zu betreiben, ist wie mit einem Teelöffel einen Swimmingpool zu füllen. Es braucht fünf- bis sechsmal so viel Strom wie bei einem Elektroauto. Und woher soll all dieser saubere Strom kommen? Wir haben ja nicht unendlich davon.

Energievergleich: Für die Herstellung von einem Liter E-Diesel brauchen wir 27 kWh Strom. Ein Liter Diesel selbst enthält etwa 9,7 kWh Energie. Das ist ein ziemlicher Verlust, oder? Es ist, als würdest du einen ganzen Kuchen backen, nur um dann ein Stück davon zu essen.

Kosten: Wenn wir mal ehrlich sind, ist E-Fuel aktuell einfach zu teuer. Eine Studie hat gezeigt, dass die Kosten für E-Fuels bis zu 4,50 Euro pro Liter Dieseläquivalent betragen. Selbst wenn wir genug Strom hätten, wäre der Preis immer noch höher als der von fossilem Brennstoff. Und verglichen mit einem Elektroauto, das mit viel günstigerem Strom fährt, ist es mehr als doppelt so teuer.

Zukunftsperspektive: Klar, wenn wir eines Tages so viel Strom haben, dass wir nicht mehr wissen, wohin damit, könnten E-Fuels für Autos interessant werden. Aber aktuell können wir weder genug E-Fuel für alle Autos herstellen, noch wäre es preislich attraktiv.

Also, liebe Leute, E-Fuels sind spannend, aber sie sind nicht die magische Lösung für unsere Verkehrsprobleme. Es ist immer gut, alle Optionen zu prüfen, aber manchmal muss man auch erkennen, wann es Zeit ist, weiterzuziehen. Und jetzt, wo du bestens informiert bist, kannst du bei der nächsten Diskussion über E-Fuels glänzen!

Wie wird denn dieses E-Fuel überhaupt hergestellt? Das ist leicht zu erklären und klingt auch sehr abenteuerlich.

E-Fuels, auch synthetische Kraftstoffe genannt, werden durch die Umwandlung von Strom in flüssige oder gasförmige Brennstoffe hergestellt. Der Prozess nutzt erneuerbare Energien, um Wasserstoff und Kohlendioxid in Kohlenwasserstoffe umzuwandeln. Hier ist eine vereinfachte Erklärung des Prozesses:

Elektrolyse von Wasser: Zunächst wird Wasser (H_2O) durch Elektrolyse in Wasserstoff (H_2) und Sauerstoff (O_2) aufgespalten. Dies geschieht, indem man Wasser mit Strom versorgt, der idealerweise aus erneuerbaren Quellen wie Wind, Sonne oder Wasser stammt.

CO_2-Abscheidung: Kohlendioxid (CO_2) wird aus der Atmosphäre oder aus industriellen Prozessen abgeschieden. Dieses CO_2 wird dann für den nächsten Schritt benötigt.

Synthese: Der Wasserstoff aus Schritt 1 wird mit dem CO_2 aus Schritt 2 in einem Reaktor kombiniert. Durch verschiedene chemische Prozesse, wie die Fischer-Tropsch-Synthese oder die Methanolsynthese, werden sie in flüssige oder gasförmige Kohlenwasserstoffe umgewandelt. Das Ergebnis sind synthetische Kraftstoffe wie Diesel, Benzin oder Kerosin.

Verfeinerung: Je nach gewünschtem Endprodukt kann der synthetische Kraftstoff weiter verfeinert werden, um bestimmte Eigenschaften oder Spezifikationen zu erfüllen.

Das Tolle an E-Fuels ist, dass sie in bestehenden Motoren und Infrastrukturen verwendet werden können, ohne dass große Änderungen erforderlich sind. Allerdings gibt es, wie bereits erwähnt, einige Herausforderungen in Bezug auf Effizienz und Kosten.

Stell dir E-Fuels wie einen Zaubertrank vor: Man nimmt etwas Sonne, fügt Wasser hinzu, zaubert ein bisschen CO_2 aus der Luft und – voilà! –

man hat einen flüssigen Kraftstoff. Klingt fast zu schön, um wahr zu sein, oder? Aber mit genügend Forschung und Entwicklung könnten E-Fuels eine wichtige Rolle in unserer Energiezukunft spielen.

E-Fuels sind eine faszinierende Technologie. Aber um es mal auf den Punkt zu bringen: Für die Energie, die benötigt wird, um nur einen Liter dieses Kraftstoffs herzustellen, könnten Elektroautos bereits 150 bis 200 Kilometer zurücklegen. Und das ist nur der Anfang! Denn dieser Sprit muss, genau wie sein fossiler Vetter, erst einmal durch das Land transportiert werden, um an unsere Tankstellen zu gelangen – und das kostet zusätzliche Energie. Angesichts unserer noch nicht abgeschlossenen Energiewende und der Tatsache, dass wir gerade so genug Strom haben, um unseren aktuellen Lebensstil aufrechtzuerhalten, wird es bis 2035 schwer sein, genügend Energie für die Massenproduktion von E-Fuels aufzubringen.

13. Wasserstoff – Das leichteste Element mit schwerem Potenzial?

Lass uns über Wasserstoff plaudern, das federleichte Wunderkind des Periodensystems.

Stell dir das Periodensystem als eine riesige Party vor, auf der alle Elemente eingeladen sind. Und wer kommt als Erster an? Natürlich Wasserstoff! Er ist das lebenslustige Leichtgewicht, das immer zuerst auf der Tanzfläche ist und die Party in Schwung bringt. Mit der Atomnummer 1 ist er der Erste in der Reihe und der leichteste von allen.

Während Schwermetalle wie Blei oder Gold in der Ecke stehen und sich schwerfällig bewegen, schwebt Wasserstoff fast schwerelos durch den Raum. Er ist so leicht, dass er, wenn er nicht vorsichtig ist, einfach in den Himmel steigt und verschwindet. Erinnert dich das an einen Heliumballon, der dir als Kind entwischt ist? Genau so ist Wasserstoff!

Warum also ist Wasserstoff so ein Fliegengewicht? Tief im Herzen jedes Wasserstoffatoms befindet sich ein einzelnes Proton, das in seinem Atomkern sitzt. Dieses Proton ist quasi der Kapitän des Wasserstoff-Schiffs. Und um dieses Schiff herum kreist nur ein einsames Elektron, das wie ein treuer Erster Offizier seine Runden zieht. Das ist alles! Keine zusätzlichen Neutronen, keine zusätzlichen Elektronen. Einfachheit in ihrer reinsten Form.

Also, du hast nun von Wasserstoff gehört und denkst jetzt vielleicht: ‚Hey, das klingt doch nach einer tollen Alternative zum Elektroauto mit Akku!‘ Aber bevor wir uns in die Tiefen der Wasserstofftechnologie stürzen, lass uns ein paar Dinge klarstellen.

Wasserstoff ist wie dieser coole Typ aus der Schule, der immer die neuesten Gadgets hatte und von dem alle dachten, er würde die Welt erobern. Aber in Wirklichkeit ist er nicht der Hauptdarsteller in unserem Energiedrama, sondern eher ein Nebendarsteller mit einer sehr wichtigen Rolle.

Warum? Nun, um Wasserstoff zu produzieren, brauchen wir Energie. Und nicht nur ein bisschen, sondern eine ganze Menge! Für die Produktion von einem Kilogramm Wasserstoff benötigen wir etwa 53 kWh Strom. Das ist so, als würde man 53 Wasserkocher für eine Stunde laufen lassen, nur um ein Kilo dieses Gases zu bekommen. Und das Beste daran? Wenn du diesen Wasserstoff dann wieder in Energie umwandelst, bekommst du nicht die vollen 53 kWh zurück. Nein, es gibt Verluste, und du erhältst nur 33 kWh. Das ist, als würdest du in ein Restaurant gehen, für ein 5-Gänge-Menü bezahlen und nur 3 Gänge serviert bekommen.

Aber bevor du jetzt denkst, Wasserstoff sei nutzlos: Denk nochmal nach! Wasserstoff hat einen entscheidenden Vorteil: Er ist ein fantastischer Energiespeicher. In Zeiten, in denen wir mehr erneuerbare Energie produzieren, als wir verbrauchen können, kann diese überschüssige Energie genutzt werden, um Wasserstoff zu produzieren. Und wenn die Sonne mal nicht scheint oder der Wind nicht weht, kann dieser gespeicherte Wasserstoff wieder in Strom umgewandelt werden. Er ist also wie ein riesiger, unsichtbarer Akku für unsere erneuerbaren Energien.

Beim Thema Wasserstoff müssen wir ein paar Dinge klarstellen. Wenn wir Energie in die Produktion von Wasserstoff stecken, verlieren wir je nach Technologie zwischen 20 und 40 Prozent dieser Energie. Was übrig bleibt, speichern wir als chemische Energie im Wasserstoff. Das klingt erstmal nach einem Verlustgeschäft, aber es gibt Licht am Ende des Tunnels. Es wird nämlich an Verfahren gefeilt, bei denen in der Zukunft vielleicht nur noch 40 kWh benötigt werden, um ein Kilo Wasserstoff zu produzieren. Das könnte den Wasserstoffantrieb wieder ins Spiel bringen.

Aber Achtung: Wenn wir von Wasserstoffautos sprechen, meinen wir in der Regel die mit Brennstoffzellen. Diese sind zwar nicht unbedingt effizienter als Dieselautos, vor allem wegen der Verluste bei der Wasserstofferzeugung und dem aufwendigen Transport zum Verbraucher. Aber sie haben einen entscheidenden Vorteil: Sie sind im Betrieb sauberer und, vorausgesetzt der Wasserstoff wurde mit grünem Strom hergestellt, auch klimaneutral. Es gibt zwar auch die Idee, Wasserstoff in einem Verbrennungsmotor zu nutzen, aber hier stoßen wir auf ein paar Probleme. Erstens wäre die Effizienz ziemlich mau, vergleichbar mit herkömmlichen Verbrennungsmotoren, also bei etwa 20-35 %. Zweitens hätten wir ein kleines, aber feines Rostproblem. Wasserstoff kann bei hohen Temperaturen und Drücken ziemlich reaktiv werden und Metalle angreifen. Das bedeutet, wir müssten diese Motoren wahrscheinlich aus Edelstahl bauen, um dem Rost Herr zu werden. Zudem sollte bedacht werden, dass diese Motoren wieder Schmiermittel und viel Wartung benötigen. Also ein teurer Spaß.

Also, während Wasserstoff definitiv Potenzial hat, gibt es noch einige Hürden zu überwinden. Aber wer weiß, was die Zukunft bringt.

Zurück zu unserer ursprünglichen Frage: Ist Wasserstoff besser als ein Elektroauto mit Akku? Nun, für den täglichen Gebrauch und insbesondere für kurze Strecken ist das Elektroauto mit Akku effizienter und praktischer. Aber Wasserstoff wird in der Zukunft eine entscheidende Rolle spielen, insbesondere als Energiespeicher und in Bereichen, in denen Batterien an ihre Grenzen stoßen, wie z.B. im Schwerlastverkehr oder in der Luftfahrt.

Zusammenfassend kann man sagen, während Wasserstoff vielleicht nicht der Hauptdarsteller auf unserer Energiebühne ist, wird er definitiv eine Oscar-würdige Nebenrolle spielen!

14. Noch ein paar langweilige Zahlen

Wieviel Energie steckt im Erdöl?

Stell dir vor, du könntest in einer Zeitmaschine Millionen von Jahren zurückreisen. Du würdest Zeuge eines beeindruckenden Prozesses werden, bei dem die Natur ihre eigene, sehr langsame Art von Alchemie betreibt. Pflanzen, kleine Mikroorganismen und manchmal sogar Dinosaurier (ja, wirklich!) sterben, sinken auf den Meeresboden und werden über Millionen von Jahren unter Druck und Hitze in das umgewandelt, was wir heute als Erdöl kennen.

Erdöl ist im Grunde genommen konzentrierte Sonnenenergie, die über Jahrmillionen in organischer Materie gespeichert wurde. Ein wahrer Energieschatz, der tief unter der Erde schlummert!

Jetzt fragst du dich sicher: »Wie wird aus diesem zähflüssigen, schwarzen Zeug Benzin oder Diesel?« Nun, es ist ein bisschen wie beim Kochen, nur komplizierter. In Raffinerien wird das Erdöl erhitzt, und die verschiedenen Bestandteile werden in einem Prozess namens Destillation getrennt. Das erfordert natürlich auch Energie, aber im Vergleich zu dem, was wir am Ende erhalten, ist es ein Klacks.

Und jetzt zur Million-Dollar-Frage: Wieviel Energie steckt nun in diesen Produkten? Ein Liter Benzin enthält beeindruckende 8,5 kWh Energie, während ein Liter Diesel sogar mit rund 9,6 kWh daherkommt. Zum Vergleich: Mit der Energie aus einem Liter Benzin könntest du eine 60-Watt-Glühbirne gut 6 Tage lang nonstop brennen lassen!

Oder, um es in die Sprache der Autos zu übersetzen – schließlich sprechen wir hier nicht von Glühbirnen: Ein Auto, das 5 Liter Diesel für 100 Kilometer schluckt, legt mit nur 1 Liter Diesel stolze 20 Kilometer zurück. Das bedeutet, unser spritziger Gefährte verbraucht in diesem Beispiel 9,6 kWh für diese 20 Kilometer.

Stell dir vor, die Natur hat über Jahrmillionen hinweg in einem beeindruckenden, langsamen Prozess Erdöl für uns »gekocht«. Bei E-Fuels müssen wir diesen gigantischen Kochprozess quasi im Zeitraffer selbst übernehmen – und das kostet ordentlich Energie! Um nur einen Liter

E-Fuel Diesel zu produzieren, zapfen wir satte 27 bis 28,3 kWh Strom ab. Und jetzt kommt der Clou: Dieser eine Liter E-Fuel Diesel speichert am Ende nur etwa 9,6 kWh Energie – genau wie sein fossiles Pendant. Wenn wir also unser Beispielauto nehmen, das mit 5 Litern auf 100 km auskommt, dann verbraucht es mit E-Fuel stolze 27 kWh für gerade mal 20 Kilometer. Da wird einem doch glatt bewusst, wie effizient Mutter Natur ihren Job gemacht hat!

Um den Energieverbrauch dieser beiden Treibstoffarten über 100 km zu vergleichen, vervielfachen wir ihre Werte einfach mit 5. Dabei bleiben wir bei der Annahme, der Wagen verbrennt dabei 5 Liter.

Wir halten fest. Energieverbrauch auf 100 km:

Dieselmotor mit fossilen Diesel = 48 kWh

Dieselmotor mit E-Fuel = 135 kWh

Ein vergleichbares Elektroauto zeigt seine Überlegenheit in Sachen Effizienz. Während bei Verbrennungsmotoren ein Großteil der Energie in Wärme umgewandelt wird (daher ja auch der Name »Verbrennung«), fließt bei Elektroautos der Großteil der Energie direkt in den Antrieb. Das Ergebnis? Dieses flotte Elektromobil benötigt lediglich schlanke **15 kWh für 100 Kilometer.** Eindrucksvoll, oder?

Mit der Energie eines Liters E-Fuel, käme das Elektroauto schon fast 1000 Kilometer weit.

Natürlich gibt es Elektroautos, die gut 20 kWh oder 25 kWh verbrauchen. Das liegt an der Motorisierung und der Fahrweise. Dabei sei gesagt, dass es natürlich auch Diesel Motoren gibt, die 8 oder 12 Liter brauchen. Ich habe hier nur ein Beispiel genommen, welches bei einem Mittelklassewagen durchaus passt.

Was das Ganze in Bezug auf CO_2 bedeutet, spielt nun beinahe keine Rolle mehr. Du hast das mit dem CO_2-Rucksack zu Anfang des Buches bereits gelesen. Natürlich spielt dieser eine Rolle. Aber beim eigentlichen Antrieb ist das Elektroauto der klare Gewinner.

15. Wirtschaftliche Aspekte

Wie beeinflusst die Elektromobilität Arbeitsplätze, insbesondere in Branchen, die traditionell mit Verbrennungsmotoren verbunden sind?

Stelle dir vor, du machst einen Zeitsprung ins Jahr 2030. Die Straßen sind voll von Elektroautos, und die Luft riecht ... nun ja, nach fast nichts. Aber was ist mit all den Menschen, die früher in der Automobilindustrie gearbeitet haben, die mit Benzin und Diesel zu tun hatten? Einige Studien prophezeien, dass bis zu diesem Datum über 116.000 Arbeitsplätze in der deutschen Autoindustrie verloren gehen könnten. Eine andere Prognose geht sogar von 200.000 Arbeitsplätzen aus, die in der Automobilindustrie nicht mehr zur Verfügung stehen werden.

Das lässt uns natürlich darüber nachdenken, welche Berufschancen unsere Kinder in dieser Branche noch haben werden.

Aber bevor wir uns allzu große Sorgen machen: Jeder Wandel bringt auch neue Möglichkeiten mit sich. Ja, es könnten Arbeitsplätze in der traditionellen Autoindustrie wegfallen, aber es entstehen auch neue in Bereichen wie Batterietechnologie, intelligente Stromnetze und innovative Mobilitätsdienstleistungen. Und unsere Bundesregierung? Nun, zumindest die Mehrheit unterstützt diesen Wandel. Bei einigen unserer derzeitigen Regierenden scheint der Denkprozess jedoch etwas länger zu dauern.

Und noch etwas: Die Elektromobilität ist nicht der einzige Umbruch, den die Autoindustrie erlebt. Digitalisierung, Automatisierung – all das spielt eine Rolle und beeinflusst den Arbeitsmarkt. Also, bevor wir den Elektroautos die Schuld geben, sollten wir das große Ganze betrachten. Die Zukunft mag unsicher sein, aber sie ist auch voller Möglichkeiten!

Die Evolution der Berufe: Ein Blick zurück auf die letzten 100 Jahre.

Stell dir vor, du wärst ein Lampenputzer im 19. Jahrhundert. Ja, das war tatsächlich ein Job! Diese mutigen Menschen kletterten auf Leitern, um die Gaslaternen in den Straßen zu reinigen und zu befüllen. Doch dann kam die Elektrizität und – zack! – der Lampenputzer wurde überflüssig.

Oder denk an den Eismann. Nein, nicht den mit dem Eiswagen, der im Sommer köstliche Eissorten verkauft. Ich spreche von denen, die vor der Erfindung des Kühlschranks riesige Eisblöcke lieferten, um Lebensmittel frisch zu halten. Doch dann kam der Kühlschrank und – schwupp! – musste sich der Eismann nach einer neuen Tätigkeit umsehen.

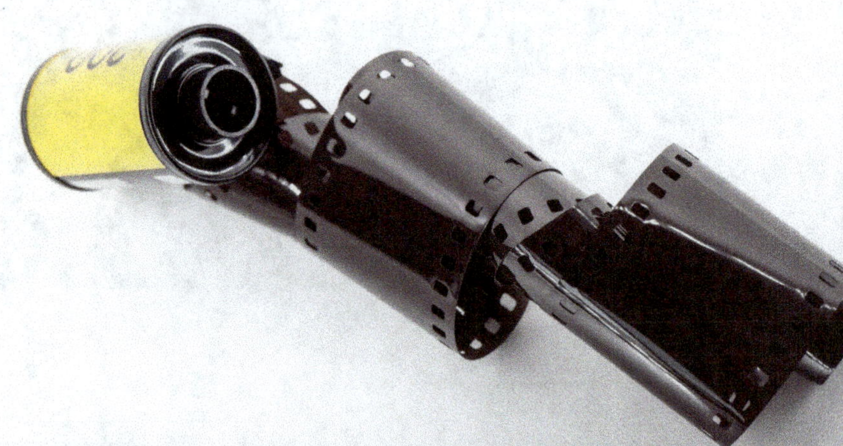

Ah, die gute alte Zeit! Als das Klicken einer Kamera noch das Voranschreiten eines Films bedeutete und nicht das Speichern eines digitalen Bildes. Erinnerst du dich an die Fotolabore an jeder Straßenecke, wo man gespannt seine entwickelten Bilder abholte?

Mit dem Aufkommen der Digitalfotografie verschwanden nicht nur die Filmrollen, sondern auch viele dieser Fotostudios. Kodak, einst ein 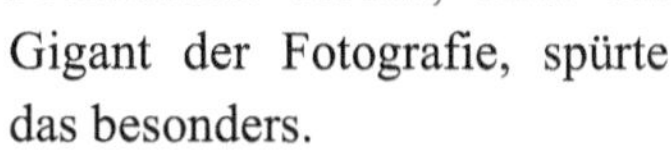 Gigant der Fotografie, spürte das besonders.

Oder die Schreibmaschine. Einst das unverzichtbare Werkzeug von Schriftstellern und Journalisten. Doch dann kam der Computer, und plötzlich wurden Schreibmaschinen zu nostalgischen Deko-Objekten. Ganze Branchen, die sich auf Schreibmaschinen spezialisiert hatten, verschwanden.

Auch die Musikindustrie erlebte einen Wandel. Früher wurden Alben auf Vinyl gepresst, dann kamen Kassetten und CDs. Doch heute? Streaming-Dienste wie Spotify und Apple Music haben den CDs und Platten den Rang abgelaufen.

Und dann gibt es noch die Druckereien. Früher, als Zeitungen und Bücher noch mit Bleilettern gesetzt wurden, waren Druckereien ein florierendes Geschäft. Doch mit dem Aufkommen des Digitaldrucks und des Internets mussten viele traditionelle Druckereien ihre Türen schließen.

In den letzten 100 Jahren haben Hunderttausende ihren Job verloren, weil es ihn schlichtweg nicht mehr gab. Das ist ein Prozess, den man nicht aufhalten kann. Nicht immer ist das Neue besser als das Alte. Aber die Elektromobilität? Das ist definitiv eine der guten Neuerungen.

16. Zukunftsperspektiven im Individualverkehr

Stell dir vor, du schwingst dich morgens in dein Auto, aber anstatt den Zündschlüssel zu drehen, sagst du einfach: »Arbeit, bitte!« und dein Auto fährt los. Kein Stau, kein Lärm, nur eine sanfte, leise Fahrt. Klingt nach Science-Fiction? Tja, die Zukunft des Individualverkehrs könnte genau so aussehen – und sie ist näher, als du denkst!

Aber klar. Alles Schritt für Schritt. Die Welt der Elektromobilität ist nicht nur auf der Überholspur, sie wird auch grüner und noch nachhaltiger! Nehmen wir zum Beispiel die Akkus: Sie werden nicht nur leistungsfähiger, sondern auch umweltfreundlicher. Aber warte, es wird noch besser! Auch die Elektromotoren selbst erleben eine grüne Revolution.

Auf der IAA 2023 präsentierte DeepDrive eine technologische Neuheit, die die Elektroauto-Welt aufhorchen ließ: den Doppelrotor-Radialfluss-Motor. Dieses patentierte Schmuckstück verfügt über zwei radial angeordnete Rotoren im Kern, die elektrische Energie effizient in mechanische Power umwandeln. Im Gegensatz zu den Standard-E-Motoren, bei denen der Rotor meist innen liegt, punktet DeepDrives Innovation mit einer beeindruckenden Drehmomentdichte.

Doch das ist nicht alles! Neben der gesteigerten Leistungsfähigkeit überzeugt der Motor durch einen reduzierten Materialverbrauch in der Produktion. Seine kompakte Bauweise ermöglicht zudem eine Platzierung in der Fahrzeugmitte, was nicht nur für eine optimale Gewichtsverteilung sorgt, sondern auch die Stabilität des Fahrzeugs erhöht. Kurz gesagt: DeepDrives Doppelrotor-Radialfluss-Motor könnte der Schlüssel zu leistungsstärkeren und effizienteren Elektrofahrzeugen der Zukunft sein.

Und in Zukunft? Vergiss alles, was du über das Autofahren zu wissen glaubst. Die Zeiten von Benzin, Diesel und dem ewigen Kampf um den letzten Parkplatz könnten bald vorbei sein. Stattdessen könnten wir in autonomen Elektroautos durch die Städte gleiten, die nicht nur umweltfreundlich, sondern auch vernetzt und intelligent sind.

Aber halt, bevor du jetzt denkst, das klingt alles zu futuristisch: Denk mal an das erste Handy zurück, das du hattest. Ein klobiger Kasten, oder? Und jetzt schau dir dein aktuelles Smartphone an. Genau so rasant könnte die Entwicklung im Individualverkehr voranschreiten.

Vielleicht fragst du dich jetzt: »Und was ist mit Flugautos?« Oder: »Kann ich in der Zukunft mein Auto einfach per App rufen?«

Hmm, interessante Vorstellung, oder?

Doch gehen wir es langsam an.

Natürlich, während all diese spannenden Entwicklungen in der Mobilität am Horizont auftauchen, dürfen wir nicht vergessen, dass solch ein tiefgreifender Wandel Zeit braucht. Auch wenn es so aussieht, als ob überall um uns herum Elektroautos auftauchen, wird der Übergang zu einer überwiegend elektrischen Fahrzeugflotte nicht über Nacht geschehen. Es ist ein schrittweiser Prozess, der von vielen Faktoren beeinflusst wird, von der Infrastruktur über die Technologie bis hin zu wirtschaftlichen und politischen Entscheidungen. Ich kann hier keine genauen Jahreszahlen nennen, denn das kann niemand mit Sicherheit. Vermutlich werden wir in den nächsten 30 Jahren immer noch Tankstellen sehen. Allerdings könnten sie in den kommenden 15 Jahren bereits schrittweise seltener werden.

Doch der Fortschritt rückt bereits in greifbare Nähe. Worauf dürfen wir uns in den nächsten Jahren freuen?

Stell dir vor, du steigst in dein Auto, legst die Füße hoch und lässt dich von deinem Lieblingsfilm oder einem spannenden Buch fesseln. Währenddessen navigiert dein Auto durch den Verkehr, erkennt Fußgänger, weicht Hindernissen aus und findet sogar den besten Parkplatz, sobald du am Ziel bist. Das ist keine ferne Zukunftsmusik, sondern die Vision des autonomen Fahrens.

Doch es geht nicht nur um Komfort. Autonome Fahrzeuge könnten unsere Straßen erheblich sicherer machen. Menschliches Versagen ist schließlich die Hauptursache für Verkehrsunfälle. Ein Auto, das rund um die Uhr wachsam ist und in Millisekunden reagieren kann, könnte viele dieser Unfälle verhindern.

Und dann sind da noch die Staus. Jeder kennt sie, jeder hasst sie. Aber in einer Welt autonomer Fahrzeuge könnten sie bald der Vergangenheit angehören. Wenn Autos miteinander kommunizieren, können sie sich gegenseitig über Verkehrsbedingungen informieren und sich anpassen, um den Verkehrsfluss zu optimieren. Kein plötzliches Bremsen mehr, weil ein Auto zwei Spuren weiter einen Spurwechsel macht. Alles fließt harmonisch, fast wie eine Choreografie auf Asphalt.

Zudem könnten autonome Fahrzeuge den Bedarf an Parkplätzen in Städten reduzieren. Stell dir vor, du steigst in der Innenstadt aus, und dein Auto fährt alleine zu einem Parkplatz außerhalb des Zentrums. Wenn du bereit bist zu gehen, rufst du es einfach per App zurück. Das spart nicht nur Zeit und Nerven, sondern könnte auch dazu beitragen, unsere Städte grüner und lebenswerter zu machen.

In dieser neuen Ära des Verkehrs könnten wir auch eine tiefgreifende Veränderung in der Art und Weise erleben, wie wir Autos nutzen. Vielleicht besitzen wir in der Zukunft gar kein eigenes Auto mehr, sondern teilen uns autonome Fahrzeuge, die immer dann zur Verfügung stehen, wenn wir sie brauchen. Ein wahrlich revolutionärer Gedanke!

Sharing is Caring: Stehen wir vor dem Ende des eigenen Autos?

Stell dir eine Zukunft vor, in der das Konzept des »eigenen Autos« überholt ist. Anstatt tief in die Tasche zu greifen und ein Fahrzeug zu kaufen, das die meiste Zeit ungenutzt herumsteht, könntest du einfach per App das perfekte Auto für den Moment auswählen. Hast du ein romantisches Date geplant? Ein schickes Cabrio könnte innerhalb von Minuten vor deiner Haustür stehen. Steht ein Großeinkauf oder ein Umzug an? Kein Problem, ein geräumiger Van oder ein Transporter ist nur einen Klick entfernt.

Das klingt nicht nur unglaublich praktisch, es hat auch viele Vorteile: Du sparst dir die Kosten für Anschaffung, Versicherung, Wartung und TÜV. Kein lästiges Suchen nach einem Parkplatz in der überfüllten Innenstadt, kein Ärger mit teuren Reparaturen. Stattdessen ein flexibles, auf deine Bedürfnisse zugeschnittenes Mobilitätskonzept. Das Teilen von Autos könnte nicht nur unseren Alltag revolutionieren, sondern auch einen Beitrag zu einer nachhaltigeren und umweltfreundlicheren Mobilität leisten.

Umweltfreundliche Materialien und Designs: Ein grünerer Fußabdruck auf vier Rädern.

Wenn wir an umweltfreundliche Autos denken, konzentrieren wir uns oft nur auf den Antrieb. Doch die Zukunft der Automobilindustrie geht weit über emissionsfreies Fahren hinaus. Sie taucht tief in die Welt der nachhaltigen Materialien und innovativen Designs ein.

Stell dir ein Auto vor, dessen Innenraum nicht aus dem typischen Plastik besteht, sondern aus Materialien, die direkt von Mutter Natur inspiriert sind. Bambus, der in Rekordgeschwindigkeit nachwächst, könnte das Armaturenbrett zieren. Sitze könnten mit Hanffasern bezogen sein, die nicht nur langlebig, sondern auch biologisch abbaubar sind. Fußmatten aus recycelten Kunststoffen, die einst in unseren Ozeanen schwammen, könnten unter deinen Füßen liegen.

Aber es geht nicht nur um das, was im Auto ist. Die äußere Form des Fahrzeugs könnte durch fortschrittliche Aerodynamik so optimiert werden, dass der Luftwiderstand minimiert wird. Dies führt nicht nur zu einem geringeren Energieverbrauch, sondern ermöglicht auch schlankere, elegantere und effizientere Designs, die den Straßen ein futuristisches Flair verleihen.

In dieser grünen Automobilzukunft geht es nicht nur darum, wie wir uns fortbewegen, sondern auch darum, wie sich unsere Fortbewegungsmittel in den größeren ökologischen Kreislauf einfügen. Es ist eine Vision, in der Nachhaltigkeit und Stil Hand in Hand gehen.

Flugtaxis: Ein Blick in den Himmel der Möglichkeiten.

CityAirbus   Foto: Matti Blume

Warum auf der Straße bleiben, wenn der Himmel ruft? Flugtaxis könnten in der Zukunft eine spannende Option für kurze Strecken in überfüllten Städten darstellen. Stell dir vor, du steigst in ein kleines, fast geräuschloses Fluggerät und gleitest über den Dächern der Stadt zu deinem nächsten Termin. Klingt nach einem Szenario aus einem Science-Fiction-Film? Tatsächlich sind Unternehmen weltweit bereits eifrig dabei, diese Vision zu verwirklichen.

Airbus: Der europäische Luftfahrtkonzern hat mit »Vahana« und »CityAirbus« mehrere Prototypen für urbane Luftmobilität entwickelt.

Uber Elevate: Auch wenn Uber in erster Linie für seine Fahrdienstvermittlung bekannt ist, hat das Unternehmen ambitionierte Pläne für Flugtaxis unter dem Namen »Uber Elevate« vorgestellt.

EHang: Das chinesische Unternehmen EHang hat bereits autonome Flugtaxis entwickelt und getestet, die in einigen Städten für Lufttaxidienste eingesetzt werden könnten.

Lilium: Ein deutsches Start-up, das ein elektrisches Flugtaxi mit Senkrechtstart entwickelt hat. Das Unternehmen hat bereits erfolgreiche Testflüge durchgeführt.

Foto: Matti Blume

Terrafugia: Ein Tochterunternehmen von Geely (dem Eigentümer von Volvo), das an einem Flugauto namens »Transition« arbeitet.

Joby Aviation: Ein US-amerikanisches Unternehmen, das sich auf elektrische Flugtaxis mit Senkrechtstart und -landung (eVTOL) spezialisiert hat und bereits erhebliche Investitionen von großen Playern wie Toyota erhalten hat.

Volocopter: Ein weiteres deutsches Start-up, das einen elektrischen Multicopter für städtische Mobilitätslösungen entwickelt hat und bereits Testflüge in Städten wie Dubai und Singapur durchgeführt hat.

Aber bevor du jetzt deinen Pilotenschein beantragst: Ein fliegendes Auto für jedermann wird es wahrscheinlich nicht geben. Die Vorstellung, dass jeder von uns ein persönliches Fluggerät im Hinterhof parkt, bringt eine ganze Reihe von Herausforderungen mit sich – von der Luftraumregulierung bis hin zu Sicherheitsbedenken. Dennoch bleibt die Idee der urbanen Luftmobilität eine faszinierende Perspektive für unsere Fortbewegung in der Zukunft. Es zeigt, dass, wenn es um Mobilität geht, wirklich der Himmel die Grenze ist – zumindest vorerst!

17. Fazit zur Elektroauto-Revolution

Zack, da war sie – die Elektroauto-Revolution! Während die einen noch über die Reichweite von Batterien sinnierten, haben andere schon längst den Stecker gezogen und sind voll elektrisch unterwegs. Aber was wird diese Revolution wirklich bringen?

Zunächst einmal: Bye-bye, Abgas! Die Städte atmen auf, wortwörtlich. Die Luft wird klarer, die Vögel zwitschern lauter und die Ampeln ... naja, die sind immer noch rot, gelb und grün. Aber die Straßen werden leiser, und das Summen der Elektromotoren klingt fast wie eine futuristische Melodie.

Dann die Technologie: Wer hätte gedacht, dass wir eines Tages Autos mit Touchscreens, Over-the-Air-Updates und Autopilot-Features fahren würden? Oder dass wir unsere Fahrzeuge zu Hause an der Steckdose »betanken« könnten? Die Fortschritte in der Batterietechnologie und im Motorendesign, wie zum Beispiel der innovative Doppelrotor-Radialfluss-Motor von DeepDrive und anderen neuen Innovationen, könnten das Autofahren neu definieren. Wir werden sehen. Effizienter ist der Elektromotor heute schon gegenüber dem Verbrennungsmotor. Entschuldigt, wenn ich das mehrmals schrieb.

Aber die Revolution geht über das Fahren hinaus. Sie hat auch unsere Denkweise verändert. Wir denken grüner, handeln nachhaltiger und sind uns der globalen Herausforderungen bewusster. Natürlich gibt es Mythen, Missverständnisse und Skeptiker. Aber hey, jede Revolution hat ihre Helden und ihre Zweifler.

Das Fazit? Die Elektroauto-Revolution ist mehr als nur ein Trend. Sie ist eine Bewegung, ein Umdenken, ein Schritt in eine sauberere, grünere und leisere Zukunft. Und während wir noch am Anfang dieser spannenden Reise stehen, ist eines klar: Die Zukunft summt, und sie klingt elektrisierend gut!

Und noch was. Elektroautos sind ein wichtiger Schritt in die richtige Richtung, aber sie sind nicht die ultimative Lösung für alle unsere Umweltprobleme. Ja, sie sind sauberer und effizienter als ihre benzinbetriebenen Pendants, aber sie sind immer noch Luxusartikel, die Ressourcen verschlingen. Der CO_2-Rucksack, den sie mit sich bringen, ist ebenfalls nicht zu vernachlässigen.

Man sollte sich im Klaren sein, dass Elektroautos nur einen kleinen Teil zur Verbesserung unseres Klimas und unserer Umwelt beitragen können. Wenn wir wirklich einen Unterschied machen wollen, sollten wir vielleicht über Alternativen wie Car-Sharing nachdenken. Besonders auf dem Land, wo der Individualverkehr oft unverzichtbar ist, könnte dies eine praktikable Lösung sein.

Aber lasst uns auch über den Horizont hinausschauen. Vielleicht ist es an der Zeit, das Auto öfter mal stehen zu lassen und auf andere Verkehrsmittel umzusteigen, wenn es die Situation erlaubt. Ob Fahrrad, öffentliche Verkehrsmittel oder einfach mal zu Fuß – jede kleine Entscheidung zählt. Denn wenn wir insgesamt weniger fahren und weniger produzieren, können wir einen positiven Beitrag zum Umweltschutz und zum Klimaschutz leisten. Tatsächlich ist es sogar am besten, wenn wir generell weniger Autos fahren, denn auch Elektroautos kosten trotzdem CO_2. Dieser Ansatz, insgesamt weniger zu produzieren und zu konsumieren, gilt nicht nur für Autos, sondern für alle Produkte in unserem Leben.

Also, denkt darüber nach, wie ihr euren persönlichen CO_2-Fußabdruck reduzieren könnt. Denn am Ende des Tages sind es die kleinen Veränderungen, die in der Summe einen großen Unterschied machen können.

18. Warum habe ich das Buch geschrieben?

Warum habe ich dieses Buch geschrieben? Nun, die Antwort ist einfach und doch komplex. In einer Welt, in der Informationen mit Lichtgeschwindigkeit geteilt werden, ist es leicht, sich in einem Meer von Mythen, Halbwahrheiten und schlichtweg falschen Informationen zu verlieren. Elektromobilität, ein Thema, das so viel Potenzial hat, unsere Umwelt zu retten und unsere Abhängigkeit von fossilen Brennstoffen zu reduzieren, wird oft missverstanden oder sogar absichtlich falsch dargestellt.

Ich habe gesehen, wie »Experten«, Medien und sogar gut gemeinte Privatpersonen Fehlinformationen verbreiten, oft aus Unwissenheit, manchmal aus Angst vor Veränderung und manchmal, traurigerweise, aus reinem Eigeninteresse. Es ist erstaunlich, wie ein kleiner Funke Falschinformation ein Lauffeuer werden kann, das sich über soziale Medien und Mundpropaganda verbreitet.

Deshalb habe ich mich auf eine Mission begeben: Mythen aufzudecken und die Wahrheit über Elektromobilität ans Licht zu bringen. Ich wollte den Menschen zeigen, dass sie sich nicht auf Schlagzeilen oder virale Posts verlassen sollten. Stattdessen sollten sie sich die Zeit nehmen, sich selbst zu informieren, kritisch zu denken und die Quellen ihrer Informationen zu überprüfen.

Durch das Schreiben dieses Buches hoffe ich, dass ich dazu beitragen kann, das Rauschen zu reduzieren und den Menschen klare, fundierte Informationen zu liefern. Aber ich möchte auch, dass die Leser dieses Buches lernen, alles zu hinterfragen, selbst das, was ich geschrieben habe. Prüft meine Texte, um zu sehen, dass sie recherchiert und wahr sind. Denn in einer Welt, die sich ständig verändert, ist das ständige Lernen und Hinterfragen der Schlüssel zur Wahrheit.

Aber ich möchte auch betonen, dass ich dieses Buch immer wieder aktualisieren möchte. Die Welt der Wissenschaft und Technologie ist ständig in Bewegung, und es ist wichtig, auf dem neuesten Stand zu bleiben. Aber keine Sorge, einige Dinge werden sich nie ändern. Das Verbrennen fossiler Brennstoffe wird nie gut für unsere Umwelt sein. Das gilt auch für Erdgas. Und genauso wenig sollte es akzeptabel sein, dass Kinder für den Abbau von Uran, Gold oder Kobalt arbeiten. Dafür und das alle besser wird, dafür müssen wir uns einsetzten.

Also, liebe Leser, während ihr euch durch die Seiten dieses Buches arbeitet, ermutige ich euch, eure eigene Recherche zu betreiben, Fragen zu stellen und immer neugierig zu bleiben. Denn Wissen ist Macht, und in den richtigen Händen kann es die Welt verändern.

Und noch eine Anekdote darüber, warum ich mich für Elektromobilität interessiere: Stell dir vor, es sind die späten 80er Jahre. Neonfarben, Schulterpolster und Synthesizermusik dominieren die Szene. Und dann gibt es da diesen Typen, David Hofmann, der mit einem Elektroauto durch die Straßen cruist, während alle anderen noch mit ihren Benzinschleudern unterwegs sind. Schon ziemlich cool, oder?

Leider wurden die damaligen Elektroautos eher belächelt. Das waren ja auch keine richtigen Autos für die meisten.

Aber was viele nicht wissen: Dieser rebellische Elektro-Pionier ist nicht nur ein Held der Straße, sondern auch ein lieber Kollege von mir. Ja, ich hatte das Privileg, mit diesem kreativen Kopf Ende der achtziger Jahre zusammenzuarbeiten!

Foto: David Hofmann

Eines Abends, als David mit seinem futuristischen Flitzer unterwegs war, ging ihm der Saft aus. Und was macht unser kreativer Kollege? Er schnappt sich ein Kabel, dockt an eine Straßenlaterne an und zapft kurzerhand den Strom! Ja, richtig gehört, David »tankte« sein Auto an einer Laterne auf!

Die Aktion blieb natürlich nicht unbemerkt. Die Geschichte verbreitete sich schneller als ein Lauffeuer, und ehe er sich versah, war David Hofmann der Star einer Fernsehsendung. Die Sendung hieß »Heute Abend« mit Joachim Fuchsberger. Dort saß er dann, mit seinem verschmitzten Lächeln, und erzählte von seiner nächtlichen »Tankaktion«. Das Publikum war begeistert, und David wurde für eine Nacht zum Helden der Elektroauto-Szene.

Also, liebe Leser, bleibt neugierig, bleibt skeptisch und vor allem: Bleibt elektrisch!

19. Über mich

Ich bin Stefan Weichelt und arbeite seit 1987 in der Film- und Fernseh-branche. Seit über zwanzig Jahren erstellt meine kleine Produktionsfirma hauptsächlich 3D-Animationen für Fernsehsender wie ProSieben und Unternehmen weltweit. Zudem bin ich seit 2019 Buchautor einer Science-Fiction-Reihe. Das macht mich natürlich nicht zum Experten für Elektromobilität. Das Thema hat jedoch meine Neugier schon vor Jahr-zehnten geweckt.

Seit über zehn Jahren produziere ich neben meinen Fernseh- und Film-projekten auch Wissensfilme, die ausschließlich an Bildungseinrich-tungen wie Schulen und Universitäten gezeigt werden. Darunter sind neben einigen Klimafilmen auch Filme über Elektromobilität.

Die Zusammenarbeit mit Fachberatern des Instituts, meine eigenen Kon-takte und jahrelange Recherchen haben mich zu jemandem gemacht, der sich in der Materie auskennt. Vielleicht sogar mehr als mancher Experte. Das behaupte ich jetzt einfach mal. Natürlich bin ich nicht unfehlbar, und mir können auch Fehler unterlaufen. Daher prüft gerne alle meine Aus-sagen.

Ich bin ein Beispiel dafür, wie Leidenschaft und Interesse an einem Thema, kombiniert mit harter Arbeit und der Bereitschaft, ständig dazu-zulernen, zu einem tiefen Verständnis führen können. Ich mag kein Wissenschaftler sein, aber mein Beitrag zur Aufklärung und Bildung in den Bereichen Klima und Elektromobilität ist nicht zu leugnen. Meine Filme sind nicht nur Informationsquellen, sondern auch Inspiration für diejenigen, die bereit sind, die Welt mit neugierigen Augen zu betrachten.

Ach ja, übrigens, seit 2020 bin ich auch Elektroautofahrer. Nach über 30 Jahren Erfahrung mit Verbrennungsfahrzeugen kann ich mit Sicherheit sagen, dass der Fahrspaß, den ich mit meinem Elektroauto erlebe, unüber-troffen ist. Noch dazu hatte ich nie zuvor so wenige Reparaturen oder Rückrufe durch den Hersteller. Kurz gesagt, nicht nur aus Umweltgrün-den möchte ich nichts anderes mehr fahren.

Wer mehr erfahren möchte, vielleicht auch über meine anderen Geschichten oder über mich, kann mir gerne auf www.stefanweichelt.de folgen.

20. Danke

Danke, dass du bis hierher gelesen hast! Es bedeutet mir viel, dass du dir die Zeit für dieses Buch genommen hast. Ich hoffe, es hat dir ein paar neue Einsichten gebracht und vielleicht sogar den einen oder anderen Mythos über Elektromobilität zerstört.

Ein fettes Dankeschön geht raus an alle, die mich auf dieser spannenden Reise begleitet haben. Ihr seid die Besten! Danke an meine liebe Frau Linda, die alle Texte bereits in der ersten Fassung gelesen hat. Und natürlich auch ein großes Danke an die klugen Köpfe und Experten, die mit ihrem Wissen dieses Buch noch besser gemacht haben.

Ich freu mich sehr auf euer Feedback und bin gespannt, welche Diskussionen durch dieses Buch angestoßen werden. Denn nur wenn wir miteinander reden und voneinander lernen, können wir die Herausforderungen unserer Zeit wirklich meistern.

Bis dann und liebe Grüße,

Stefan Weichelt